Jörg Knoblauch

Lernstreß ade!

Mit neuen Tips zu Internet und PC

33 erprobte Strategien für geistiges Arbeiten

Zeichnungen:
Werner »Tiki« Küstenmacher

W0197726

R. BROCKHAUS VERLAG WUPPERTAL

tempus.VERLAG GIENGEN

ABCteam

ABCteam-Bücher erscheinen in folgenden Verlagen:

Aussaat- und Schriftenmissions-Verlag Neukirchen-Vluyn
R. Brockhaus Verlag Wuppertal
Brunnen Verlag Gießen (und Brunnquell-Verlag)
Christliches Verlagshaus Stuttgart (und Evangelischer Missionsverlag)
Oncken Verlag Wuppertal und Kassel

Das Buch erschien 1979 zum ersten Mal beim Aussaat- und Schriftenmissions-Verlag Neukirchen-Vluyn und wurde für die Ausgabe geringfügig überarbeitet.

10., erweiterte Gesamtauflage 2000

© 1991 R. Brockhaus Verlag Wuppertal und Zürich
Umschlaggestaltung: Büro für Kommunikationsdesign, Heidenreich
Umschlag- und Textzeichnungen: Werner Tiki Küstenmacher
Gesamtherstellung: Breklumer Druckerei Manfred Siegel KG
ISBN 3-417-12481-6 (Brockhaus)
ISBN 3-928807-00-5 (tempus.)

INHALT

Womit Sie heute noch beginnen sollten!

1. Das Buch ist so angelegt, daß Sie es nicht von vorne bis hinten lesen müssen. Gehen Sie einfach das Inhaltsverzeichnis durch und entscheiden Sie, was Sie jetzt sofort wissen wollen. Anderes können Sie sich dann später sinnvoller aneignen.
2. Die breiten Ränder dieses Buches sind für Teilüberschriften und für Ihre Notizen vorgesehen. Schreiben Sie das Gelesene in Ihren eigenen Worten nieder. Was ist neu? Was will ich üben?
3. Es ist nicht leicht, eingefahrene Verhaltensweisen zu ändern. Deshalb wird es notwendig sein, die folgenden Seiten, insbesondere 131-133, immer wieder durchzugehen.

VORWORT

Ist dies ein Buch für Dumme? Nein, auf keinen Fall. Es ist für jedermann. Vielleicht brauchen Sie mehr Zeit für Ihre Jugend- oder Gemeindearbeit. Dies ist möglich. Vielleicht haben Sie mit dem Lernen und dem geistigen Arbeiten Schwierigkeiten. Wenn Sie ein schlechter Schüler sind, können Sie ein guter Schüler werden. Wenn Sie ein guter Schüler sind, können Sie ein ausgezeichneter Schüler werden. Immer vorausgesetzt, Sie wenden das hier Gesagte regelmäßig und täglich an.

Dieses Buch hat sich aus Erkenntnissen beim Bibellesen und beim Durcharbeiten der auf dem Markt befindlichen Lernbücher entwickelt. Vor allem aber haben persönliche Erfahrungen bei der Schulung von Mitarbeitern den Ausschlag dazu gegeben.

Forschungen in den verschiedensten Schulen und Universitäten zeigten folgendes: Lernende, welche die in diesem Buch beschriebenen Strategien angewandt haben, erreichten im Durchschnitt bessere Noten als andere Schüler, die ihren Gewohnheiten entsprechend studierten, auch wenn sie mehr Zeit beim Studium zugebracht hatten. Es kommt also nicht darauf an, wieviel man studiert; es kommt darauf an, wie man studiert. Es kommt nicht auf die Quantität, sondern auf die Qualität an.

Dies ist jedoch nur *ein* Teil. Ein vom Heiligen Geist geleiteter und mit seiner Kraft ausgerüsteter Mitarbeiter ist unvergleichlich wirksamer und fruchtbarer als derjenige, welcher Gott aus eigener Kraft dient. Die 33 Strategien dieses Buches werden Ihren Erfolg, Ihre Intelligenz und Ihre Begabung entscheidend verändern. Vergessen Sie dabei nicht, daß Jesus sagt: »Ohne mich könnt Ihr nichts tun« (Johannes 15,5). Gleichgültig wie bedeutsam Ihre Leistungen auch sein mögen, aus eigener Kraft wird nur »Holz, Heu, Stroh und Stoppeln« (1. Korinther 3,12–13) herauskommen.

Jörg Knoblauch

Alles, was ihr tut mit Worten oder mit Werken, das tut alles in dem Namen des Herrn Jesus und dankt Gott, dem Vater, durch ihn.

Kolosser 3,17

Jesus sagt: »Lernt von mir!«

Die Geschichte von der Gans

Eine Gans hatte verschiedene Eier ausgebrütet. Eines dieser Eier aber stammte nicht von ihr. Der Bauer hatte es gefunden und einfach zu den anderen Eiern gelegt. Nun sind die Küken ausgeschlüpft. Die Gans watschelt mit ihrem Gefolge der kleinen Gänslein über den Hof. Es ist eine kleine, munter quakende Schar. Nur eines der Tiere ganz am Ende hat Schwierigkeiten. Es hinkt und kann kaum mitkommen. Es hat auch einen krummen Schnabel und deshalb Probleme mit dem Picken der Körner. Außerdem sieht es im Vergleich zu den anderen schmucken, kleinen Gänslein gar nicht so prächtig aus. Es hat ein grauschwarzes Gefieder, kann nur mühsam gehen und ist wirklich sehr unbeholfen. Ein komischer Vogel. Und je älter dieses Geschöpf wird, desto trauriger, seltsamer und unbeholfener wird es.

Bis eines Tages eine dramatische Wende kommt: Ein Adler fliegt in weiten Kreisen über das Gehöft. Er fliegt niedriger und niedriger, und unser seltsamer Vogel mit den schmutziggrauen Federn und dem gekrümmten Schnabel hebt seinen Kopf. Plötzlich erwacht etwas in ihm; er streckt seine Flügel und fängt an, mit ihnen zu schlagen. Da spürt er die Luft unter seinen Federn, erhebt sich vom Boden und fliegt. Er steigt höher und höher und höher ... Und da wird ihm bewußt, daß er *ein Adler ist.* Er war als Adler geboren; aber bisher hatte er versucht, wie eine Gans zu leben.

Gehören Sie zur Gottes-familie?

Sie und ich sind Söhne und Töchter Gottes. Es ist eine Tragödie, daß so wenige Menschen das entdeckt haben und deshalb versuchen, unter ihren Möglichkeiten zu leben.

Wir sollen wie Jesus leben;
– wie ein Glied der großen Familie Gottes;
– wie Menschen, die wissen, worauf es ankommt.
Wie leben Sie? Wissen Sie, wer Sie sind?

A. Gaben und Geber gehören zusammen

Nicht nur die Zukunft gestalten, sondern auch die Ewigkeit!

Sie haben dieses Buch gekauft ... Aber »fliegen« Sie höher. Als Mitglied der Familie Gottes haben Sie direkten Zugang zum Schöpfer unseres Lebens. Wenn Sie wirklich zu einem befriedigenden, erfüllten Leben finden wollen, kommt es weniger auf den Erfolg in Schule, Studium oder Beruf an, als darauf, in einer engen Verbindung mit diesem Vater zu leben. Er selbst als der Geber aller Gaben ist viel größer und wichtiger für unser Leben als das, was er uns an Erfolg und andern guten Gaben schenkt.

Wer nur seine Zukunft und seinen Erfolg plant ... Durch eine bewußte Beziehung zu Jesus Christus. Lesen Sie zum Beispiel ein Evangelium von vorne bis hinten durch. Leben Sie auch in religiöser Hinsicht nicht aus zweiter Hand. Beten Sie, sprechen Sie mit dem Vater Jesu über Ihre Wünsche, Pläne und Hoffnungen, über Ihre persönlichen Beziehungen, über das, was Sie erleben. Bitten Sie

Raffinierte Methoden genügen nicht!

ihn, in ihr Leben zu treten. Suchen Sie sich Menschen, die in einer bewußten Beziehung zu Jesus Christus leben.

Dieses Buch vermittelt hervorragende Strategien. Wir können jedoch Zugang zu den raffiniertesten Methoden haben, die der Mensch je erfunden hat: Wenn wir nicht zur Familie Gottes gehören und damit nicht mit dem Heiligen Geist erfüllt sind, dann haben alle Methoden keinen Wert!

Jesus sagt: *»Bleibt mit mir vereint, dann werde auch ich mit euch vereint bleiben. Nur wenn ihr mit mir vereint bleibt, könnt ihr Frucht bringen, genauso wie eine Rebe Frucht bringen kann, wenn sie am Weinstock bleibt« (Johannes 15,4).* Erkennen wir, wie schwach wir ohne seine Kraft sind!

Als Mitglied dieser Familie steht mir aber die Kraft Christi zu: *»Ihr werdet erkennen, wie überwältigend groß die Kraft ist, mit der er in uns, den Glaubenden, wirkt«* (Epheser 1,19). Daß die ersten Christen die Welt auf den Kopf stellten, war nicht der Verdienst ihrer ausgefeilten Methoden, Ziele und Planungen, sondern es war diese göttliche Kraft, die sie zu mutigen Zeugen machte.

B. Von Jesus lernen

Ohne den Heiligen Geist gelingt es nicht

Wenn Sie wieder einmal niedergeschlagen sind, wenn trotz bester Methoden und Techniken alle Dinge, die Sie tun, zur Last werden, dann erinnern Sie sich daran, daß ohne den Heiligen Geist nichts gelingt. Geben Sie neu dem Heiligen Geist Raum in Ihnen, indem Sie still werden, sich Gott öffnen und ihn um seinen Geist bitten.

Die Verantwortung ist dann weggenommen, und Sie können aufatmen. Sie werden sich dann wieder als Söhne und Töchter eines in allen Dingen sorgenden Vaters erkennen.

Jakobus erinnert uns: *»Wenn einem von euch Lebensweisheit fehlt, soll er Gott darum bitten. Gott wird sie ihm geben, denn er gibt gern und teilt an alle großzügig aus. Ihr müßt ihn aber in festem Vertrauen bitten und dürft nicht im geringsten zweifeln. Wer zweifelt, gleicht einer Welle im Meer, die* *vom Wind auf- und niedergetrieben wird. So einer kann nicht erwarten, daß er vom Herrn etwas empfängt« (Jakobus 1,5-7).*

Lassen Sie uns einige Dinge von Jesus lernen:

Den Sonntag feiern

Paradox und doch wahr ist der Rat: »Leiste dir den Sonntag und die Stille, und du wirst Zeit gewinnen.«

Als die Indianer im Norden Kanadas Christen wurden, gab es Schwierigkeiten mit der Hudson-Bay-Company. Die Indianer wollten am Sonntag nicht mehr arbeiten, und die Firma befürchtete, daß die Indianer es nicht mehr schaffen könnten, während der eisfreien Zeit im Sommer ihre Kanus vom Inland bis zum Meer zu rudern. Die Zeit war knapp, so daß die Rudermannschaften eigentlich eine 7-Tage-Woche brauchten. Die Indianer setzten sich aber durch. Und das überraschende Ergebnis war, daß nach Einführung des Sonntags die Rudermannschaften das Meer schneller erreichten als früher mit sieben Arbeitstagen.

Wissen Sie, daß man innerhalb von sieben Jahren ein geschlagenes Jahr »Sonntag« verlebt? Daß Sie keine Zeit gehabt hätten, sich mit Fragen nach Gott zu beschäftigen, wird vor Gott nicht gelten – allein schon im Hinblick auf die Sonntage.

Stille Zeit

Es ist ganz wichtig, daß wir eine »stille Stunde« haben, um den Überblick für anstehende Aufgaben zu gewinnen. Das wird von vielen Psychologen bestätigt. Christen nehmen sich dabei Zeit, sich mit der Bibel zu beschäftigen. Denn sie ist ihre vorrangige Informationsquelle für die persönliche Lebensgestaltung. Sich hier Notizen zu machen, um das Erkannte auch im Alltag praktisch umzusetzen, ist selbstverständlich.

Lassen Sie es sich in der Stillen Zeit zeigen, was getan werden muß. Jesus sagt: *»Alles, was der Vater mir zeigt, das tue ich.«* So ergibt sich eine Richtung für den Tag.

Bei Jesus können wir lernen, daß der Wille Gottes auch etwas an und für sich Unvernünftiges sein kann: Denken Sie an die Frau, die Jesus die Füße gesalbt hat und die dafür gelobt wurde.

Lassen Sie uns heute das Richtige tun, was Gott uns zu tun heißt. – Auch gegen unsere Wünsche und eigenen Überzeugungen. Denn letztlich ist ja nicht der Erfolg wichtig, sondern daß wir den Willen unseres Vaters im Himmel getan haben! **Führung**

Gebet

Das Gespräch ist die beste Möglichkeit, Gedanken auszutauschen. Und der Schlüssel, den anderen im tiefsten zu verstehen, ist, daß man ihm richtig zuhört. Dieses Vorrecht haben wir durch das Gebet.

Wenn es richtig gehandhabt wird, ist es mit einem Telefon vergleichbar: An beiden Enden wird gesprochen und verstanden.

Miteinander reden, im Gespräch Gedanken austauschen

Wer zu Gott kommt, findet wieder zu sich selbst; und wer mit Gott redet, hat wieder Zeit, auf andere zu hören.

Wir gehen als betende Menschen in den Tag. Paulus sagt uns: »Betet ohne Unterlaß« (1. Thessalonicher 5,17).

Es gibt auch gute Bücher zum Thema Gebet, die sehr hilfreich sind.

Gott hat ein Interesse daran, daß seine Kinder ihm vertrauen. Das bedeutet auch, daß sie das Optimale aus ihrer Zeit machen sollen. So können wir die Aufgaben erfüllen, zu denen er uns gerufen und gesandt hat.

»Achtet genau auf eure Lebensweise. Lebt nicht wie Unwissende, sondern wie Menschen, die wissen, worauf es ankommt. Nutzt die Zeit in der rechten Weise . . .« (Epheser 5,15f.).

Strategie Nr. 1

ÜFLFÜ-Lernmethode. Die Technik, die Ihr Lernen revolutioniert

ALT: Sie haben ein Fachbuch vor sich liegen. Wie sollen Sie nun vorgehen? Normal ist, das ganze Buch durchzulesen. Wenn Sie den Inhalt besonders gut behalten wollen, also beispielsweise für eine Prüfung lernen müssen, wiederholen Sie alles nochmals.

Lesen allein genügt nicht

NEU: Untersuchungen haben ergeben, daß zur sinnvollen Erarbeitung eines Textes andere Methoden notwendig sind. Lesen allein genügt nicht. Eine mögliche Methode, wie man Lesestoff rationell erarbeitet, wird hier vorgestellt:

Ü = Überfliegen des Lesestoffes vor dem Lesen.
F = Fragen, welche Schwerpunkte enthalten sein könnten.
L = Lesen – und dabei Augen und Gedächtnis bewußt benützen.
F = Festhalten in eigenen Worten, was gelesen wurde.
Ü = Überprüfen des eigenen Gedächtnisses nach einigen Stunden und nach ein paar Tagen.

Methodisches Lernen geht wesentlich schneller

Für den Anfänger mag dieses Vorgehen mühsam und zeitraubend erscheinen. Tatsächlich braucht es eine gewisse Zeit, sich umzustellen und die alten Lesegewohnheiten loszulassen. Diese Methode wurde jedoch wieder und wieder getestet. Grundsätzlich schnitten Studenten, die nach der ÜFLFÜ-Methode gelernt hatten, wesentlich besser ab als andere Studenten, die ihrer Gewohnheit entsprechend studierten.

Das trifft zu, ob nun 15 Minuten oder 5 Stunden Lernzeit zur Verfügung stehen. Und das bedeutet: Auch wenn nur wenig Zeit zur Verfügung steht, wird man sich – wenn man sich an die fünf Schritte der ÜFLFÜ-Methode hält – nachher an mehr erinnern können als ohne diese Methode.

Es empfiehlt sich, die ÜFLFÜ-Formel immer wieder zu überdenken und anzuwenden, bis ihre Anwendung zur Gewohnheit wird.

Wir werden hier jeden der fünf Schritte diskutieren und erläutern, was damit gemeint ist.

1. SCHRITT: Ü = ÜBERFLIEGEN

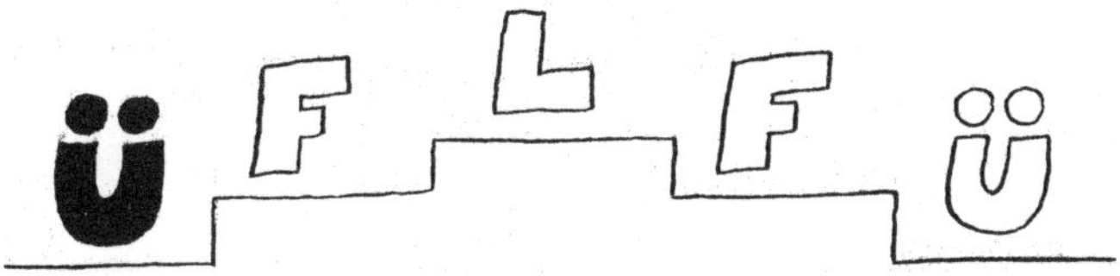

Beim Überfliegen geht es darum, eine bestmögliche Gesamtübersicht zu bekommen, bevor man ins Detail geht. Vielleicht kennen Sie die Geschichte des Besuchers einer fremden Stadt, der zuerst einmal einen Turm besteigt, um sich das Ganze von oben anzusehen und kennenzulernen. Dabei merkt er sich auffällige Gebäude wie Kirchen, breitere Straßen und andere Besonderheiten. Beim anschließenden Rundgang durch die Stadt kann er immer wieder seinen Standort bestimmen.

Durch Überfliegen gewinnt man die Übersicht

Ein anderes Bild: Wer bei einem Puzzlespiel das vollständige Bild vorher schon einmal gesehen hat, arbeitet viel leichter beim Zusammensetzen der einzelnen Teile. Wer anfängt, die Teile zusammenzusetzen, ohne das Bild zu kennen, kommt viel langsamer voran. Ahnen Sie jetzt, worum es bei diesem »Überfliegen« geht?

Und so erhalten Sie die Übersicht:

Auch Überfliegen will gelernt sein

1. Beim Überfliegen des Inhaltsverzeichnisses bekommt man eine Vorstellung davon, wie das Buch angelegt ist.

2. Lesen Sie das Vorwort. Da wird gesagt, warum das Buch geschrieben wurde und was es aussagen soll. Auch wenn das Vorwort nicht sehr informativ ist, bekommt man zumindest einen kleinen Einblick in den Lesestoff, den man lesen will.

3. Am Ende eines Artikels ist oft eine Zusammenfassung gegeben. Diese Zusammenfassung bitte zu Anfang lesen!

4. Wenn Sie das alles noch nicht so richtig befriedigt, überfliegen Sie den ganzen Text. Blättern Sie Seite für Seite relativ schnell um und lesen nur die Überschriften und ab und zu auch einen Satz. Wenn Tabellen und Zeichnungen vorhanden sind, sollten Sie diese gründlich anschauen. Das ist im Normalfall eine flüchtige und schnelle Informationsmöglichkeit.

Lohnt sich das Weiterlesen?

Im Kino soll die Vorschau einen Überblick über einen kommenden Film geben. Obwohl man keine Details sieht und die Objektivität fragwürdig ist, hat man doch genügend Einblick gewonnen, um entscheiden zu können, ob man diesen Film sehen will oder nicht. Auf den Lesestoff bezogen heißt das für Sie, daß Sie jetzt entscheiden können, ob Ihnen diese Proben genügen oder ob Sie das ganze Buch lesen wollen.

2. SCHRITT: F = FRAGEN

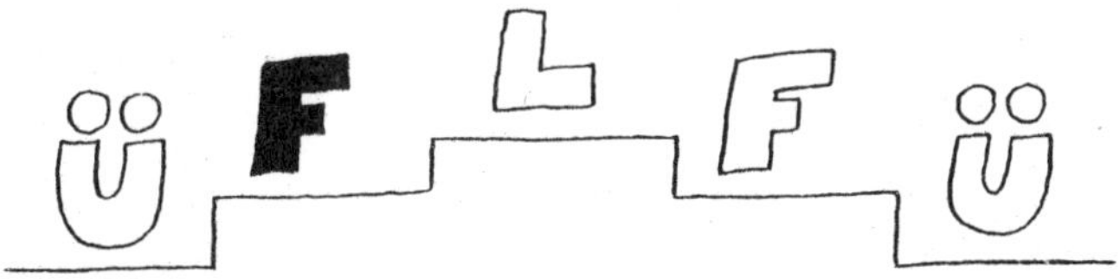

Zuerst fragen – dann lesen

Nachdem sich der fremde Besucher durch seine Turmperspektive nun allgemein orientiert hat, wird er sich überlegen, was anschauenswert ist. Manches ist ihm vielleicht schon bekannt; anderes weckt sein besonderes Interesse. Bevor er herabsteigt und seinen Ausflug beginnt, wird er sich Ziele setzen.

Also gedulden Sie sich noch einen Moment, bevor Sie mit Ihrem Leserundgang beginnen und sich wie früher einfach »überraschen« lassen. Stellen Sie sich jetzt Fragen. Am besten ist es, sich schon beim Überfliegen (1. Schritt) Fragen auszudenken, die man zu beantworten sucht.

Angenommen, vor Ihnen liegt ein Artikel, in dem die »Kartoffelzucht in Hinterpommern« beschrieben wird. Stellen Sie sich nun die Fragen: Was weiß ich über Kartoffeln? Wo liegt eigentlich Hinterpommern? Überhaupt – was müßte bei diesem Thema behandelt werden?

Gut sind auch die sogenannten Polizeifragen, die W-Fragen. Wer? Wie? Wo? Was? Wann? Warum? Sollte das Kapitel irgendwelche Fragen am Schluß enthalten, dann auf jeden Fall diese zuerst lesen.

Was erreiche ich mit diesem Schritt?

Konzentrationshilfe

1. *Konzentrationshilfe:* Durch die aufgeworfenen Fragen ist jetzt ein Ziel gesteckt. Die meisten Menschen erinnern sich viel besser an Fakten, die gelernt wurden, um eine Frage zu beantworten, als an das, was sie nur gelesen oder auswendiggelernt haben.

Motivationshilfe

2. *Motivationshilfe:* Durch das Fragen entdeckt man eigene Lücken und Schwächen. Man ist auf die Antworten des

Autors gespannt. Eigene Fragen beantwortet zu bekommen, gibt dem Lernen einen Sinn.

Prüfungsvorbereitung

3. *Prüfungsvorbereitung:* Indem man lernt, Fragen zu stellen, bereitet man sich auf eine Prüfung vor. Zu einem bestimmten Stoff kann man nur eine bestimmte Anzahl guter Fragen stellen. Wer seinen Lehrer etwas kennt, kann einen Teil seiner Fragen bereits erraten.

Wollen Sie sich auf die ÜFLFÜ-Methode umstellen, ist es am besten, wenn Sie zunächst die Fragen aufschreiben. So können Sie gegen die festgefahrenen üblichen Lesegewohnheiten angehen, um ein besseres Ergebnis zu erreichen.

3. SCHRITT: L = LESEN

Beachten Sie, daß das Lesen nicht der 1. Schritt, sondern erst der 3. Schritt ist. Dieser Schritt wird zwar am meisten Zeit in Anspruch nehmen, aber er ist nicht unbedingt der wichtigste.

Man kann sich zum Lesen in einen bequemen Stuhl setzen, sich zurücklehnen und die Füße hochlegen. Die Augen läßt man dann Wort für Wort über die Buchseiten wandern. Nach einer gewissen Zeit ist dann der ganze Stoff »erarbeitet«, aber ohne das Geringste verstanden zu haben. (Wer seine Konzentration auf 50 Prozent reduziert, reduziert die »Behaltensquote« um noch viel mehr.)

Wer befriedigendere Resultate erzielen will, hält sich an folgende Regeln:

Konzentration

1. Konzentration: Beide Füße auf den Boden! (Ein harter Stuhl ist eine gute Konzentrationshilfe.) Lesen Sie so schnell wie möglich!

Die Hauptidee suchen

2. *Hauptidee herausfinden:* Das ist die erste Stufe beim Lesen. Wenn das Wesentliche nicht herausgefunden wird, haben die anderen Stufen wenig Bedeutung.

Mit dem Marker arbeiten

3. *Unterstreichen und markieren:* Bei Verwendung von Kugelschreiber oder Bleistift zum Unterstreichen kann es manchmal vorkommen, daß der Text durchgestrichen wird, anstatt ihn zu unterstreichen. Es empfiehlt sich daher, einen Marker zu verwenden, mit dem der Text einfach überstrichen wird. Meistens sind diese Marker gelb (Achtung: manche Marker lassen Handgeschriebenes nach einiger Zeit verschwinden).

Unterstrichen wird:

a) Was Sie sich einprägen müssen, was also neu ist – jedoch nicht, was Sie schon wissen;
b) Was Sie bei einer Wiederholung mit einem Blick erfassen wollen. Darum nicht mehr unterstreichen, als wirklich nötig ist. Der rote Faden des Buches soll deutlich werden und das sachlich Wichtige auffallen.

Aktiv lesen = wach sein

4. *Reaktion:* Aktiv lesen heißt, sich selbst immer wieder daran zu erinnern, verstehen und behalten zu wollen, was man liest. Das Gedächtnis ist kein trockener Schwamm, der das Wissen ohne Mühe aufsaugt. Durch das Lesen werden Informationen wie ein Ball in die Luft geschleudert. Um den Ball aufzufangen, ist ganzer Einsatz notwendig: Das Gedächtnis muß wach sein – sonst begreift man nichts.

Bilder beachten

5. *Tabellen und andere Abbildungen beachten:* Oft sagt ein Bild mehr, als man überhaupt in Worten ausdrücken kann. (Sprichwort: Ein Bild ersetzt 1000 Worte.)

Weitere Informationen zu diesem Thema: Strategie Nr. 8, Steigerung des Lesetempos

4. SCHRITT: F = FESTHALTEN

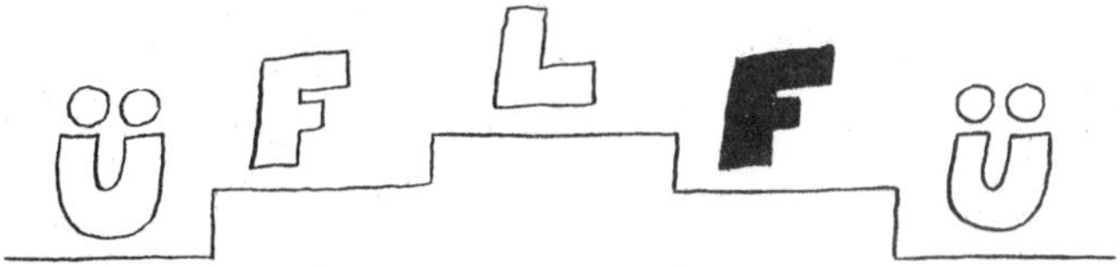

Formulieren Sie in eigenen Worten

1. *Festhalten in eigenen Worten:* Wenn Sie mit dem Lesen fertig sind, schauen Sie vom Buch auf und sagen in eigenen Worten, was der Autor sagen wollte. Während Sie etwas *laut* aussprechen, müssen Sie eine enorme Gedächtnisleistung erbringen. Vor allem fangen Sie an, die Zusammenhänge zu verstehen. Man kann schlecht etwas nacherzählen, ohne den Aufbau des Gelesenen begriffen zu haben.

Dieses Wiederholen in eigenen Worten verbessert die »Behaltensquote«. Sie wissen jetzt, welche Hauptpunkte vorkommen. Dieses Wissen ist nun präsent und kann in beliebigen Situationen angewendet werden.

Merke: Nicht auswendig lernen, sondern selbst ausdrükken lernen!

Notizen machen

2. *Festhalten durch Notizen auf dem Buchrand:* Schon während des Lesens sollten Sie bestimmte Stellen unterstreichen (bzw. mit Marker überstreichen). Jetzt den Bleistift benutzen, um Bemerkungen zu den Hauptgedanken an den Rand zu schreiben. Dieses Festhalten in eigenen Worten ist wichtig.

Sprechen Sie Ihre Gedanken laut aus

Währenddessen laut mitsprechen! Indem man nur denkt »Oh . . ., ah, mmm . . .«, ist bald vieles vergessen. Jeder hat schon die Erfahrung gemacht, daß er glaubt, etwas verstanden zu haben, das er aber später nicht mehr erklären konnte. Die Randbemerkungen sind also der Test, ob ich etwas tatsächlich verstanden habe. Man ist außerdem in der Lage, den entsprechenden Stoff schnell wieder zu erarbeiten.

Mehr als die Hälfte der gesamten Studienzeit sollten Sie mit dem 2. Schritt (Fragen) und dem 4. (Festhalten) zubringen. Das bedeutet: Wenn man eine Stunde zur Verfügung hat, werden nur 30 Minuten oder weniger fürs Überfliegen und Lesen (1. und 3. Schritt) benötigt, während hingegen mindestens 30 Minuten zu den Fragen (2. Schritt) und zum Festhalten (4. Schritt) erforderlich sind. Es ist eine große Gefahr, das Festhalten (4. Schritt) zugunsten des Lesens (3. Schritt) zu kürzen. Das Lesen ist relativ einfach, das Denken dagegen sehr schwierig. Auch ist es einfach, sich vorzumachen, daß man das Thema durchdacht hätte, obwohl es nicht der Fall war. Also: einfach eine Uhr zur Hand nehmen, um dem Mogeln zu entgehen. Wenn Sie wirklich daran interessiert sind, etwas zu lernen und zu behalten, dann müssen Sie hier harte Arbeit leisten.

5. SCHRITT: Ü = ÜBERPRÜFEN

Von Zeit zu Zeit das Wissen überprüfen

Aufgrund Ihrer Kenntnisse von »Lehrer und Schule« denken Sie vielleicht, daß das Überprüfen noch oft genug geschieht und die Zeit dafür jetzt zu schade sei. Jedoch ist das »Überprüfen« ein wichtiger Punkt bei der ÜFLFÜ-Methode. Sie überfliegen also noch einmal die Überschriften und versuchen, sich die wichtigsten Punkte zu vergegenwärtigen, indem Sie Ihre Notizen durchsehen. Man erinnert sich nämlich an das Gelesene nicht, wenn man ein zweites oder drittes Mal den Lesestoff überfliegt, sondern wenn man seine Gedanken arbeiten läßt.

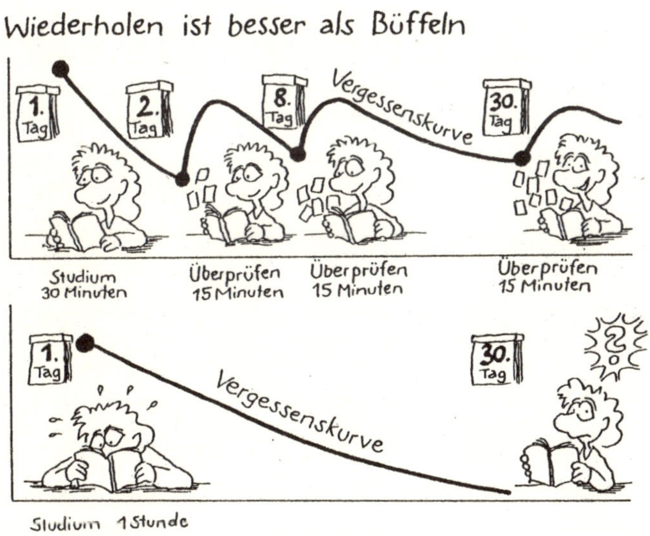

Wiederholung des Lernstoffs in bestimmten Zeitabständen

Übermäßiges Büffeln zu einem Zeitpunkt

Woran Sie sich trotz Anstrengung nicht mehr erinnern können, sollte nachgelesen werden. Sind die Schritte 1-4 gewissenhaft ausgeführt, sollte dieser fünfte und letzte Schritt nicht zuviel Zeit in Anspruch nehmen.

Jedesmal, wenn Sie etwas gelernt haben, sollten Sie das Gelesene sofort überprüfen. So verhindern Sie, daß Sie es gleich am ersten Tag wieder vergessen. Weitere Wiederholungen können später erfolgen. Es ist wichtig, daß man eine Wiederholung nicht nur kurz vor der Prüfung einplant, sondern regelmäßig durchführt.

Mit zeitlichen Abständen wiederholen

Das sogenannte Jostsche Gesetz besagt, daß man von einem bestimmten Lernstoff folgendes behält:

Bei

24maliger Wiederholung in einem Tag:	ca. 40%
12maliger Wiederholung in 2 Tagen:	ca. 50%
8maliger Wiederholung in 3 Tagen:	ca. 60%
6maliger Wiederholung in 4 Tagen:	ca. 70%
4maliger Wiederholung in 6 Tagen:	ca. 80%
2maliger Wiederholung in 12 Tagen:	ca. 90%

Ein verhältnismäßig gutes Mittel gegen Vergessen ist, daß der Lernstoff in bestimmten Zeitabständen wiederholt wird, und zwar am 2., 8. und 30. Tag. Diese Verteilung ist wichtig. Es hat keinen Zweck, durch übermäßiges »Büffeln« zu *einem* Zeitpunkt den Erfolg erzwingen zu wollen.

ÜFLFÜ-METHODE ZUSAMMENGEFASST

Das war also die Darstellung der ÜFLFÜ-Lernmethode. Jeder Schritt dieser Methode ist ein wichtiges Glied in einer Kette, die zu wirkungsvollerem Lernen führt. Sie kann keine Wunder bewirken. Es gibt kein Lernen ohne Investieren von Zeit und Anstrengung. Und wenn Sie glauben, daß dieses System zwar gut ist, aber zuviel Zeit in Anspruch nimmt, dann denken Sie daran:

Bei ÜFLFÜ darf kein Schritt ausgelassen werden

1. Es ist nicht entscheidend, wieviel Zeit Sie investieren. Das Aufteilen der Zeit in die ÜFLFÜ-Methode (5-Punkte-Methode) macht sich immer bezahlt. Sie werden bei deren kontinuierlicher Anwendung mehr lernen und behalten können.

Auch mit wenig Zeit hilft diese Methode sparen

2. Viele Menschen sind nach Anwendung der ÜFLFÜ-Methode zu der Überzeugung gekommen, daß sie viel einfacher ist, als sie es sich vorher gedacht hatten. Machen Sie aus diesem Grund einen Versuch. Die Zeit, die Sie zum Einüben dieser Methode brauchen, bringt Ihnen später großen Gewinn an Zeitersparnis und dadurch bessere Noten.

Wenn Sie dieses Buch weiterlesen, können Sie gleich zum Training dieser besonderen Art zu lesen übergehen.

Fragen zur ÜFLFÜ-Methode:

1. Was bedeutet der Schritt »Überfliegen«?
2. Warum ist der zweite Schritt »Fragen« unbedingt notwendig?
3. Was ist notwendig, um wirklich schnell und effektiv zu lesen?
4. Worauf kommt es beim »Festhalten« an?
5. Inwiefern unterscheidet sich der Schritt »Überprüfen« von der normalerweise angewandten Lernmethode? Schreiben Sie die Unterschiede auf.

Strategie Nr. 2

To-Do-List – So bekommen Sie Ihre Zeit in den Griff

Was sagt Jesus in der Bergpredigt? »Wer ist unter euch, der durch sein Sorgen zu seiner Lebenslänge eine einzige Elle hinzusetzen kann?« (Matthäus 6,27). Auch in Zukunft bleibt es dabei, daß wir uns nicht mehr Zeit nehmen können, als uns Gott zuteilt. Unsere Aufgabe ist aber, diese Zeit so klug wie möglich einzuteilen.

To-do-List – Geheimnis des Erfolges

Fragen wir einen Management-Experten:

Allen Lakein, ein vielgefragter kalifornischer Berater für Selbstmanagement, wollte zu Beginn seiner Laufbahn herausfinden, warum es erfolgreiche und weniger erfolgreiche Menschen gibt. – Fragen Sie einmal erfolgreiche Leute, was eigentlich das Geheimnis ihres Erfolges ist. Wahrscheinlich geht es Ihnen wie Allen Lakein. Immer wieder werden Sie auf diese kleine Formulierung »To-do-List« stoßen. Dahinter verbirgt sich die Lösung, sinnvoller als bisher die Zeit auszunutzen. Und weil es sich um das Fundament der ganzen Zeitplanung handelt, wollen wir diese Liste näher ansehen:

Auch Kleinigkeiten gehören auf die To-do-List

Die »To-do-List« ist ein Zettel, auf dem alle Tätigkeiten aufgeführt werden, die sofort oder auch zu einem späteren Zeitpunkt erledigt werden müssen. Man könnte ihn auch als Arbeitsplan bezeichnen.

Was soll nun alles auf diesem Zettel stehen? Nicht gerade das, was man aus Gewohnheit naturgemäß erledigen muß. Aber alles, was nicht erledigt werden würde, wenn man nicht besonders daran denkt, z.B. »Geld von der Bank holen«, »bunten Kugelschreiber kaufen«, »Buch in Bücherei zurückbringen« usw.

Vergessen Sie auch nicht, diejenigen Aufgaben oder Anschaffungen zu notieren, die notwendig sind, um Ihre langfristigen Ziele zu verwirklichen, z.B. »Vorlesungsverzeichnis der Universität XY anfordern«, »Studierenden Freund über seine Erfahrungen im Studium fragen« usw.

Viele Menschen wollen diese Dinge alle im Kopf behalten. Das ist jedoch nicht sehr wirkungsvoll und auch gar nicht notwendig. Besser, sie aufzuschreiben, um sich nicht noch unnötig damit zu belasten. Ein chinesisches Sprichwort sagt: »Die schwächste Tinte ist besser als das beste Gedächtnis.«

Falls Sie bisher keine solche Liste geführt haben, lesen Sie bitte weiter unter I., wo die einfachste Möglichkeit einer solchen Liste beschrieben wird. Wenn Sie mit solchen Zetteln bereits aus Gewohnheit umgehen, dann lesen Sie bitte weiter unter II., worunter diese Methode etwas verfeinert dargestellt ist.

I. To-do-List auf Notizzetteln

To-do-List für Anfänger

Diese Methode setzt voraus, daß Sie stets einen Bleistift oder Kugelschreiber und Notizzettel entweder bei sich oder in greifbarer Nähe haben. Neue Aufgaben und Erledigungen werden darauf notiert. Was erledigt worden ist, wird durchgestrichen.

Am besten fangen Sie täglich eine neue Liste an – vorausgesetzt natürlich, daß Sie immer Zettel und Kugelschreiber bei sich haben. Zettel lassen sich im Taschenkalender unterbringen; einen Kugelschreiber kann man notfalls an die Hosentasche klemmen (erfinderisch sein!). Da diese Methode aufgrund der Verwendung verschiedener Notizzettel jedoch schnell dazu führen kann, daß man den Überblick verliert, sollten Sie sich möglichst bald mit der professionellen Methode II befassen.

II. To-do-List auf der vorbereiteten Liste

To-do-List für Fortgeschrittene

Dies ist die Form der To-do-List, die Sie sich zwecks besserer Übersichtlichkeit eigentlich aneignen sollten. Benötigt wird dazu lediglich ein ganz normales DIN-A4-Blatt. Dieses Blatt wird zweimal gefaltet – einmal in der Länge und einmal in der Breite.

Es wird wie folgt beschriftet:

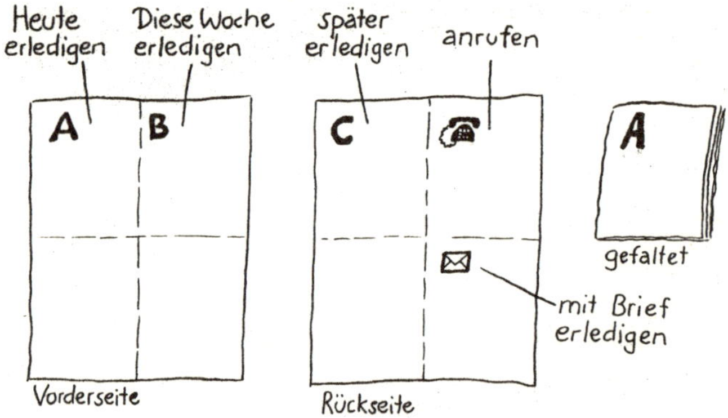

Skizze 1: Vorderseite, Symbole A und B
Skizze 2: Rückseite, Symbol C, Telefonhörer-Symbol, Briefsymbol
Skizze 3: So wird der Zettel gefaltet, damit Sie nur das Wichtigste vor sich haben.

Aufgaben gliedern nach A, B und C

Unter A schreiben Sie alles auf, was unbedingt *heute* zu erledigen ist. Unter B schreiben Sie alles auf, was im Laufe der Woche zu erledigen ist. Unter C können Sie irgendwelche besonderen und längerfristigen Dinge aufführen wie z.B. Sammeln aller Erledigungen, die in der Stadt notwendig sind.

Unter dem Briefsymbol schreiben Sie notwendige Briefpost auf; unter dem Telefonhörersymbol die zu führenden Telefongespräche.

Den Plan immer wieder neu schreiben

Auch hierbei ist es wichtig, den Plan möglichst oft neu zu schreiben. Die Vorteile eines Arbeitsplanes sind folgende:

1. *Eine gute Möglichkeit, alles zu notieren, was zu erledigen ist.*
2. *Ein Durcheinander mit vielen Notizzetteln wird vermieden.*
3. *Man hat den Überblick und weiß, was noch zu tun ist.*
4. *Ideen, Bemerkungen usw. können schnell festgehalten werden (Gedankenfalle).*
5. *Kraft- und Zeitverschwendung aufgrund sonst vergessener Dinge werden verringert.*
6. *Man erkennt schnell den Vorrang vor anderen Erledigungen und richtet danach seine Arbeit ein.*
7. *Erreichen der geforderten Ziele.*

Lesen Sie unter Strategie Nr. 3: »Sofort mit dem Wichtigsten beginnen« nach, warum diese Einteilung in A und B so wichtig ist.

Falls Sie auf der Suche nach einer ganz raffinierten To-do-Liste sind: Es gibt sie bereits, nämlich das tempus.Zeitplanbuch. Von außen sieht ein solches Zeitplanbuch ganz banal aus. Es ist ein Ringhefter mit Einlagen. Wer sich näher damit beschäftigt, merkt, daß ein solch innovativ gestaltetes Instrument hilft, die täglichen Aufgaben besser zu bewältigen. Spezielle Formulare helfen Schülern, ihren »Arbeitsalltag« besser zu bewältigen.

Strategie Nr. 3

Sofort mit dem Wichtigsten beginnen

Das Wichtigste herausfinden

In den Kurznachrichten des RKW (Rationalisierungskuratorium der Wirtschaft) war folgende Begebenheit zu lesen: »Charles Schwab, seinerzeit Präsident von Bethlehem-Steel (früher amerikanischer Stahlkonzern), stellte Ivy Lee, seinen Berater, vor eine ungewöhnliche Herausforderung: ›Zeigen Sie mir die Art und Weise, wie ich meine Zeit sinnvoller einteile‹, sagte er, ›und ich zahle Ihnen jedes Honorar innerhalb vernünftiger Grenzen.‹ Die Antwort war folgende: ›Schreiben Sie die wichtigsten Dinge auf, die Sie morgens zu erledigen haben, und numerieren Sie sie nach ihrer Priorität. Fangen Sie mit der Aufgabe Nr. 1 an und bleiben Sie solange daran sitzen, bis sie erledigt ist. Dann überprüfen Sie noch einmal alle Aufgaben nach ihrer Priorität, und fangen Sie dann mit Nr. 2 an. Bleiben Sie an Ihrer Aufgabe, auch wenn der ganze Tag benötigt werden sollte, und machen Sie sich diese Methode zur eisernen Gewohnheit. Wenn Sie damit Erfolg gehabt haben, dann geben Sie dieses System an Ihre Mitarbeiter weiter.‹

Den Stier bei den Hörnern packen

Nach einigen Wochen erhielt Lee einen Scheck über 25 000 Dollar mit der kurzen Notiz, daß diese Lektion die gewinnreichste gewesen sei, die er jemals gelernt habe.«

Im Grunde genommen ist das eine einfache Idee. Dennoch ist die Praxis gar nicht so einfach, »sofort mit dem Wichtigsten beginnen« zu können. Denn wegen angeblich dringender bevorstehender Aufgaben findet man immer wieder eine Ausrede gegenüber sich selber und verschiebt die eigentlich wichtigen Aufgaben auf später.

Vorsicht vor Hobbies!

Gegen die Zersplitterung Ihrer Arbeitskraft

Widmen Sie sich stets nur einer Aufgabe zur gleichen Zeit. Versuchen Sie, diese erst zu lösen, bevor Sie die nächste angehen. Dadurch, daß die Kräfte nur auf ein einziges Ziel ausgerichtet sind, steigen die Chancen einer erfolgreicheren Arbeitsleistung.

Der Erfinder Edison

Von Edison heißt es, daß er während seiner Schulzeit einmal vom Lehrer mit einem Zettel auf dem Rücken nach Hause geschickt wurde. Auf diesem Zettel, der für seine Mutter bestimmt war, stand: »Behalten Sie diesen Jungen bei sich daheim. Er ist zu dumm für die Schule.« Als man das Genie Edison, nachdem er Hunderte von Patenten entwickelt hatte, befragte, wie so etwas überhaupt habe geschehen können, antwortete er: »Das Geheimnis daran ist die volle Konzentration auf eine Sache.«

Sie sind bereits Herr über die »Schülergesinnung«, die aus einer inneren Ablehnung der Arbeit herrührt. Sie arbeiten nicht wegen des Lehrers oder wegen der Prüfungen. Sie können sich mit Ihrer Arbeit identifizieren. Üben Sie jetzt, die Ihnen am schwierigsten erscheinenden Aufgaben unmittelbar anzupacken.

Falsch ist es, mit der leichteren Arbeit zu beginnen und das Schwierige auf den Schluß zu verschieben. Das ist ein Grundfehler, der immer wieder zu beobachten ist und der auf Selbsttäuschung beruht.

Richtig ist es, ausgeruht mit den schwierigen Aufgaben zu beginnen und sich vorzunehmen, mehr mechanische Aufgaben (z.B. Besorgungen erledigen oder etwas abschreiben usw.) dann zu erledigen, wenn sich leichte Ermüdungserscheinungen einstellen.

80/20-Regel

Diese »Arbeitsregel« hat natürlich auch einen theoretischen Hintergrund: Man bezeichnet sie als die 80/20-Regel. Sie besagt: »Wenn man alle durchzuführenden Tätigkeiten Ihrer Wichtigkeit nach ordnet, dann hat man durch Erledigen von 20 Prozent der wichtigsten Tätigkeiten bereits 80 Prozent des Erfolges sichergestellt. Die restlichen 20 Prozent des Erfolges erreichen Sie, indem Sie die restlichen 80 Prozent der durchzuführenden Tätigkeiten erledigen.«

Die 80/20-Regel besagt also, daß bei einer Liste von zehn Tätigkeiten bereits die Durchführung der beiden wichtigsten 80 Prozent des Erfolges ergibt. Finden Sie diese beiden Tätigkeiten heraus und führen Sie sie aus.

Umgekehrt gilt diese Regel natürlich auch: Wer acht von zehn Tätigkeiten erledigt, aber die beiden wichtigsten unerledigt läßt, erreicht nur 20 Prozent des Erfolges.

Strategie Nr. 4

Steigerung der Konzentration

Lerneifer durch Motivation

Finden Sie für sich ein wirkungsvolles Lernmotiv. Je mehr Ihre Motivation wächst, desto größer wird auch Ihr Lerneifer. Es besteht kein Zweifel, daß Sie über mehr Energie verfügen, als Sie zu haben glauben. Wenn Ihre Leistungen nicht Ihrer Energie entsprechen, so liegt das einzig und allein daran, daß das auslösende Moment oder die notwendigen Impulse fehlen, die die in uns liegenden Antriebskräfte wecken.

Möglichkeiten, wie Sie die in Ihnen liegenden Antriebskräfte wecken können:

So motivieren Sie sich

1. Rücken Sie alle Vorteile ins Licht, die Ihnen bessere Sprach- oder Fachkenntnisse verheißen. Vergegenwärtigen Sie sich die Freude, wenn Sie irgendeine Prüfung bestanden haben – und danken Sie Gott dafür!

Denken Sie vom Ziel her

2. Denken Sie an den Gewinn, der Ihnen gewiß ist, wenn Sie das Ziel erreichen. So bekommen Sie Kraft und Ausdauer.

Klären Sie Berufsfragen ab

3. Wenn Sie noch in der Berufsplanung sind, versuchen Sie, Verbindungen durch das, was Sie im Moment lernen, zu den Problemen in Ihrem eventuellem zukünftigen Beruf herzustellen. Und informieren Sie sich so eingehend wie möglich über Ihren zukünftigen Beruf.

4. Wer schon einmal gearbeitet hat, ist in der Regel

mehr motiviert als derjenige, der noch kein Geld verdient hat. Gehen Sie ruhig während der Sommerpause in einen Betrieb, denn ein Ferienjob motiviert ganz neu für die Schule.

Auch ein Ferienjob motiviert

5. Setzen Sie sich kurzfristige Termine. Wenn Sie so studieren, als würde die Klassenarbeit bereits in einigen Minuten beginnen, dann erhöht sich möglicherweise Ihr Blutdruck; aber Ihr Interesse erhöht sich ebenfalls. Setzen Sie sich einen Zeitpunkt und beenden Sie die Arbeit in der vorgegebenen Zeit. Ablenkungen überstehen Sie dann leichter.

Setzen Sie sich unter Druck

6. Hinter vielen Fakten, die in der Schule gelehrt wurden, verbergen sich oft spannende Entdeckungsgeschichten. Wenn diese Fakten aber dann im Lehrbuch stehen, sind sie leider sehr trocken dargestellt. Zu manchen Themen sollten Sie sich deswegen Bücher ausleihen, die wirkliches Interesse an einer bestimmten Thematik wecken können.

Erfahren Sie den Hintergrund

7. Lehrer haben in der Regel keine Ausbildung als Showmaster oder Alleinunterhalter. Sie müssen sich deshalb schon selbst Gedanken machen, wie Sie Ihr Interesse an den verschiedenen Fächern wecken können. Eine Reise ins fremdsprachige Ausland kann Wunder wirken. Sie sind über jede Vokabel froh, die Sie gelernt haben. Vielleicht sind Sie so begeistert, daß Sie sich gleich für einen Sprachkurs anmelden wollen (Adressenliste siehe bei Strategie Nr. 9).

Reisen weckt Interesse

8. Interessant wird das Lernen, wenn man merkt, wie die eigenen Kenntnisse wachsen. Setzen Sie sich darum Ziele. Sie werden überrascht sein, wieviel Freude es Ihnen bereitet, diese Ziele zu erreichen. Stellen Sie sich Fragen – nachzulesen bei der ÜFLFÜ-Lernmethode unter Schritt 2 (F = Fragen).

Setzen Sie sich Ziele

9. Lernen Sie, mit arbeitsfremden Gedanken umzugehen. Oder können Sie von sich behaupten: »Wenn ich morgens das Schul- bzw. Betriebsgebäude betrete, kenne ich nichts anderes als die Arbeit?« Gehören Sie zu den Menschen, die bei der Arbeit und beim Studium alle anderen Gedanken abschalten können? Tatsache ist: »In der

Ideen und Gedanken gehören auf die »To-do-List!«

Welt der Gedanken ist oft der Gedanke dem Menschen überlegen.« Wir haben es mit schwer kontrollierbaren Gedanken zu tun, die uns blockieren, z.B. verliebt sein, Krach mit den Eltern oder Freunden ...

Übrigens – wenn es Streit gegeben hat, schieben Sie ein klärendes Gespräch nicht zu lange vor sich her; sonst blokkieren Sie sich nicht nur selbst, sondern auch andere.

Wenn sich zerstreuende Gedanken aufdrängen, z.B. »Ich darf nichts vergessen«, »Diesen Brief muß ich unbedingt schreiben« ..., dann schreiben Sie diese Punkte auf Ihre »To-do-List«.

Zusammenfassung: Wer konsequent arbeitet, hat mehr »freie« Zeit.

Verwirklichen Sie einige dieser Punkte. Dadurch wird Ihre Motivation angeregt – und Ihre Konzentrationsfähigkeit verbessert sich. Bei zunehmender Übung wird Ihnen das konzentrierte Arbeiten leichter fallen und später viel Freude bereiten.

Noch eins muß angemerkt werden: Es könnte sich das Mißverständnis entwickeln, wir müßten uns mit aller Macht in eine Arbeitswut hineinsteigern, die dann keine anderen Gedanken mehr zuläßt. Das ist aber nicht gemeint. Erstens sollen wir die uns zur Verfügung stehende Zeit richtig einsetzen lernen; zweitens hat uns Gott Gaben gegeben, mit denen wir »wuchern« sollen. Sich im Übermaß mit Dingen herumquälen zu müssen, die uns gar nicht entsprechen, wäre letzten Endes Zielverfehlung. Das betrifft dann auch unsere Entscheidungen für die Schul- und Berufswahl. Also: die richtigen Aufgaben tun und die Zeit sinnvoll einsetzen.

Strategie Nr. 5

Aktiv zuhören – Wissen richtig aufnehmen

Richtiges Hören heißt: zuhören können

Es gibt die Kunst des »geöffneten Zuhörens«. Viele Menschen reden aneinander vorbei; miteinander reden nur wenige. Selbst bei Schülern, die es ja eigentlich wissen müßten, weil sie einen großen Teil ihrer Zeit hörend zubringen, geschieht es, daß das Gehörte zu einem Ohr hinein und zum anderen hinausgeht.

Hauptaufgabe für den Zuhörer ist es, *sofort* zu begreifen. Eine Binsenwahrheit, wird man sagen. Aber wer übt sich darin? Gerade der Anfänger im Studium neigt zu einer verfehlten Art des Zuhörens. Er nimmt die Ausführungen des Vortragenden soweit auf, daß er sie schlecht und recht zu Papier bringen kann. Das *Begreifen* aber verschiebt er auf einen unbestimmten späteren Zeitpunkt. Er meint, daß es erst einmal entscheidend sei, alles schwarz auf weiß nach Hause zu tragen. Obwohl diese Art des »schriftlichen Zuhörens« unzureichend ist, entspringt sie oft großem Fleiß.

Das »Begreifen-Wollen« nicht auf später verschieben

Beim Hören ist die *Aufmerksamkeit* ausschlaggebend. Also bitte nicht körperlich und geistig entspannt in der Hoffnung dasitzen, daß das Gehörte schon irgendwo und irgendwie seinen Eindruck hinterläßt; vielmehr seien Sie hellwach! Sie sollen *begreifen.*

Die folgenden drei Punkte können Ihnen weiterhelfen:

Konzentration auf das Wichtigste

1) *Konzentration:* Konzentration in diesem Zusammenhang bedeutet, daß nicht nur die Ohren hören sollen, sondern daß das *ganze Denken* auf diese eine Sache ausgerichtet ist. Achten Sie darauf, daß Sie sich auf die wichtigsten Dinge konzentrieren, so daß irgendwelche Eigenarten des Redners Sie nicht durcheinanderbringen und ablenken.

Hauptpunkte herausfinden

2) *Organisation:* Vorträge sind in der Regel nicht so sauber gegliedert wie Geschriebenes. Seien Sie deshalb unablässig

auf der Suche nach den *Hauptpunkten* des Redners. Wenn Sie das Gesagte wirklich verstehen und für sich anwenden wollen, dann ist dies äußerst wichtig. Mit einer Ansammlung von Daten und Fakten alleine kommen Sie nicht weiter.

Mitschreiben und Wiederholen

3) *Wiederholung*: Wenn Sie Wissen richtig aufnehmen wollen, müssen Sie *mitschreiben* und *wiederholen*. (Dieser Punkt wird ausführlich in Strategie Nr. 6 »Mitschreiben im Unterricht« erläutert.)

Kontrollfrage:
Soll man geistig entspannt zuhören? Lernen Sie drei Techniken, die diese schlechte Angewohnheit zu verhindern helfen.

Strategie Nr. 6

Mitschreiben im Unterricht

Kein Mensch wird behaupten, daß er alles im Kopf behalten könne. Mit dem Gedächtnis haben Sie sicher auch schon Ihre Erfahrungen gemacht. Wer wirkungsvoll arbeiten will, braucht deshalb ein »Papiergedächtnis« in Form der »Mitschrift«.

Die meisten Menschen sind visuelle Lerntypen, d. h. sie müssen das, was sie hören, erst geschrieben vor sich sehen, um es wirklich aufnehmen und verarbeiten zu können.

Mitschreiben zwingt zur Konzentration

Das Mitschreiben zwingt zu einer stärkeren Konzentration. Indem Sie beginnen, das Gehörte neu zu formulieren, muß es verarbeitet werden und führt damit automatisch zu einem größeren Lernerfolg. Wer mitschreibt, lernt mehr und besser. (Achtung: Wer das Gehörte beim Aufschreiben nicht verarbeitet, sondern ohne zu denken nur »kopiert«, der entläßt sich aus der Konzentration.)

Die Mitarbeit des Hörers darf aber nicht erst in dem Augenblick einsetzen, wenn der Lehrer zu sprechen beginnt. Er muß so weit mit dem Stoff der Vorlesungen vertraut sein, daß er keine Mühe hat, sich in den Zusammenhang hineinzufinden. So ist er von der ersten Minute an »im Bilde«.

Zwei Ratschläge, die Sie strikt einhalten sollten:

Schreibmaschinenpapierformat verwenden!

1. Lose Blätter verwenden, wenn möglich DIN A 4
Nur lose Blätter ermöglichen das Einheften von Skizzen, Diagrammen usw. Das Format DIN A 4 ist optimal. Ein größeres Format würde den Überblick erschweren, ein kleineres überhaupt keinen Überblick gestatten.

Blätter nur auf einer Seite beschriften

2. Blätter nur einseitig beschreiben
(Das hat nichts mit Verschwendung zu tun.) Auf diese Weise können Sie dem Blatt auch andere Schriftstücke zum gleichen Thema beiheften. Außerdem werden Infor-

mationen so leichter gefunden. Auch das Zerschneiden von Blättern ist möglich.

Und hier noch einige weitere Tips zur Mitschreibtechnik:

Ordner verwenden

– Verwenden Sie einen Ringhefter oder einen Ordner. Trennblätter einlegen, damit die Blätter nach Fachgebieten geordnet beieinander liegen.

Blätter gut kennzeichnen

– Jedes einzelne Blatt sollte kenntlich gemacht werden, so daß es jederzeit identifiziert und wieder eingeordnet werden kann. Es genügt der Name des Lehrers/Dozenten, Datum und laufende Seitenzahl, z.B. Schmid/17.11.77/5.

Übersichtlich gestalten

– Nicht mit Papier sparen – die Notizen müssen übersichtlich sein. Also viele Absätze machen, einrücken, Raum lassen zwischen Abschnitten.

Fragen von unten nach oben schreiben

– Sie beschriften das Blatt normalerweise von oben nach unten. Eventuell auftauchende Fragen, Einwände usw. notieren Sie bitte gleich – und zwar von unten nach oben. Gibt es auf einem Blatt keine Fragen, dann ist das ganze Blatt beschrieben. Bei Fragen sollte im unteren Drittel des Blattes eine Trennung zum oberen Text deutlich werden.

Wichtiges markieren

– Sparen Sie nicht mit Frage- und Ausrufezeichen usw. Wichtige Sachen kreisen Sie bitte ein. Verwenden Sie Pfeile. Arbeiten Sie mit dem Marker.

Bibelarbeiten ordnen

– Bibelarbeiten, die auf losen DIN A 4-Blättern mitgeschrieben wurden, in einen Ordner heften. Die so abgehefteten Blätter (am Anfang Mose und zum Schluß die Offenbarung) lassen sich auf diese Weise leicht wiederfinden.

Zitate aufschreiben und sammeln

– Soweit es sich nicht um vollständige Bibelarbeiten oder Vorträge, sondern um prägnante Sätze, Auszüge, Witze, Zitate, empfohlene Bücher usw. handelt, empfiehlt es sich, diese in ein Buch mit unbeschriebenen Blättern einzutragen. Alle Seiten werden von Hand durchnumeriert. Auf Seite 1 steht das Inhaltsverzeichnis (z.B. S. 10: Anregungen für meine Gruppenarbeit, S. 20: Witze, S. 30: prägnante Sätze, gute Formulierungen und Wortspiele, S. 40: Diskussionstechnik usw.). Wenn Sie dieses Buch immer bei sich führen, können Sie entsprechende Beiträge gleich an der richtigen Stelle eintragen, um es bei Gelegenheit zur Hand zu haben. Andernfalls müssen Sie mit geringer Aussicht auf Erfolg in einem Stapel Papier wühlen.

Kürzel anwenden

– Kurzschrift sollte nur derjenige verwenden, der sie wirklich vollkommen beherrscht. Wer das Wortbild nicht unmittelbar und sofort erfassen kann, verliert Zeit und kann es später nicht mehr »übersetzen«. Dagegen verwenden Sie so viele Abkürzungen (Kürzel) wie möglich. Erfinden Sie die Kürzel, die Sie benötigen (z.B. ✉ = Brief schreiben, ☎ = telefonieren, α = Mensch, T = Termin, Bsp. = Beispiel, St. Z. = Stille Zeit usw.).

Die *Erstschrift* wird zumeist auch die *Letztschrift* sein. Deshalb ist es notwendig, Ihre »*Mitschrift*« sofort so klar und übersichtlich wie möglich zu gestalten. Lernen Sie die Kunst, Ihre »Mitschrift« klar zu gliedern.

Strategie Nr. 7

Teilnahme an der Klassendiskussion – Werde ein Fragezeichenmensch!

Fragen Sie so viel wie möglich

»Fragezeichenmenschen« sind Menschen, denen das Fragen so zur Gewohnheit wird, daß sie mit ihrem Fragen anderen Menschen »auf die Nerven fallen«. Sie sind deswegen aber in der Regel sehr erfolgreich. Zu ihnen gehören Thomas Edison, Goethe, Pascal und viele andere.

Die eigene Aktivität ist also nicht nur auf das *aktive Zuhören* und das *Mitschreiben* beschränkt. Die Teilnahme an der Klassendiskussion trägt zu einem größeren Engagement und damit zum besseren Aufnehmen und Behalten bei. Wer seine Schüchternheit überwinden kann und das Risiko eingeht, sich vor der ganzen Klasse zu blamieren, macht das Beste aus den gegebenen Möglichkeiten.

Der Vorteil der Wissensvermittlung durch einen Lehrer oder Dozenten besteht auch darin, daß der Hörer durch Fragen und eigene Beiträge kontrollieren kann, ob er den Sachverhalt richtig verstanden hat.

Überwinden Sie Ihre Schüchternheit

Die Mehrheit der Studierenden riskiert lieber eine Verständnislücke, als daß sie ihre Unwissenheit zeigt. Umfragen haben ergeben, daß die meisten Studenten zu schüchtern oder gehemmt sind, um vor einem Publikum spontan zu sprechen.

Es versteht sich von selbst, daß man nicht nach bereits gegebenen Informationen fragen sollte, die man nur verschlafen hat. Damit verbittert man den Lehrer und macht sich selber lächerlich. Alle anderen im Zusammenhang auftauchenden Fragen sollten gestellt werden, z.B. »Wie sieht das in der Praxis aus?« oder »Warum stimmt diese Aussage nicht mit meinen eigenen Kenntnissen überein?« In der Regel profitieren auch die anderen Hörer von solchen Beiträgen. Oft sind sie nur nicht bereit, sich mit einer solchen Frage bloßzustellen. Es hilft, wenn man sich immer wieder klar macht, daß man sich durch gezieltes und interessiertes Fragen selten blamieren kann.

Dumme Fragen gibt es nicht

Durch solche Fragen und Beiträge weiß dann auch der Dozent, wo er noch verdeutlichen muß, weil er nicht ausführlich genug war, usw. Also: Werden Sie ein leidenschaftlicher Frager.

Die Hauptschwierigkeit besteht in der Furcht, sich bloßzustellen. Machen Sie einen Anfang. Das gibt Mut für weitere Schritte.

Also:

– Die meisten Lehrer halten sich an den Textplan. Überlegen Sie sich zu Hause einige Fragen, welche zur Überwindung der Anfangsfurcht helfen.

– Beteiligung an der Diskussion bleibt nicht ohne Auswirkung auf die Noten. Manche Dozenten notieren sich die Beteiligung, manche behalten sie im Gedächtnis. Bei der Endnote wird das jedenfalls berücksichtigt werden.

– Für einen Lehrer ist der erste Eindruck oft der wichtigste. Deshalb ist es ratsam, die Mitarbeit nicht auf die lange Bank zu schieben. Auch Lehrer sind nur Menschen und sammeln bestimmte z.T. sehr subjektive Eindrücke.

– Wenn Sie das Gefühl haben, daß Sie eine besondere Hilfestellung brauchen, dann zögern Sie nicht, Ihren Lehrer zu fragen. In der Regel wird das sehr geschätzt. Er ist interessiert an Ihnen und freut sich, wenn der Stoff, den er vermitteln will, nicht auf taube Ohren stößt.

Strategie Nr. 8

Steigerung des Lesetempos

Schnellesen kann man lernen

Über das *richtige Lesen* wurde in der »ÜFLFÜ-Lernmethode« vieles gesagt. Nun soll etwas zum *schnelleren Lesen* gesagt werden. Wenn Sie 400 Wörter pro Minute lesen und verstehen können, dann brauchen Sie logischerweise nur die halbe Zeit gegenüber demjenigen, der nur 200 Wörter pro Minute liest. In Amerika gibt es »Reading Clinics« – Lesekliniken, Forschungsanstalten für richtiges Lesen. An den meisten Universitäten gibt es Vorlesungen über richtige Lesemethoden. Dort hat man erkannt, daß vor allem Schüler das richtige Lesen beherrschen müssen.

Schnellesen hilft wertvolle Zeit sparen

Früher gab es Regeln, die das langsame und laute Lesen befürworteten. Heute aber rät die wissenschaftliche Forschung: Schnelleres Lesen ist rationeller und vorteilhafter. Das betrifft nicht nur die Zeitersparnis. Der geübte Schnelleser versteht auch mehr als der langsame Leser.

Die Geschwindigkeit beim Schnellesen mißt man in WpM (= Wörter pro Minute). Am nachfolgenden Text können Sie feststellen, wieviel Wörter Sie pro Minute lesen. Lesen Sie den folgenden Text so aufmerksam, daß Sie hinterher einige Fragen beantworten können. Schauen Sie jetzt auf die Uhr, damit Sie die benötigte Zeit nachher auf die Sekunde genau festhalten können.

Lesebeginn

Achtung: Schnellesetest

Präsident Kennedy bediente sich einer besonderen Lesetechnik, die er an einem Kurs des »Instituts für dynamisches Lesen« erlernt hatte. Er beherrschte ein Lesetempo von 1200 Wörtern in der Minute. Mit dieser Geschwindigkeit pflegte er Zeitungen und ähnlichen Lesestoff zu verarbeiten. Er betonte dabei aber, daß er mit diesem Schnellgang bloß die Hauptgedanken des Textes erfassen konnte.

Der amerikanische Präsident wandte also diese Technik des *Lesens* oder des *Überlesens* an, die seit alters her zu den Arbeitsgewohnheiten der Gelehrten gehört. Der Diagonal-Leser liest aber nur einige hundert Wörter in der Minute – genausoviel oder so wenig wie ein Normalleser. Aber er liest die richtigen Wörter: diejenigen, die den Sinn tragen, die die Aussage vorantreiben. Er versucht mittels Schlüsselwörter und Schlüsselsätzen den Gedankengang des Verfassers zu verfolgen. Wie gut ihm das gelingt, hängt einerseits von einer Vertrautheit mit dem im Text behandelten Thema ab, andererseits von seiner Fähigkeit, den Aufbau eines Textes zu erfassen. Das Geheimnis des Diagonal-Lesers – und damit auch der Trick von Präsident Kennedy – liegt ganz einfach darin, daß er aus einem 1200 Wörter langen Text in einer Minute die 200-400 sinntragenden Wörter herausliest und an ihnen den Sinn abliest. Er verdichtet den Text gleichsam während des Aufnehmens. Der Normalleser hingegen liest seinen Text ganz, Wort für Wort, Satz für Satz, 1200 Wörter insgesamt, wichtige und unwichtige. Dazu braucht er nicht nur eine Minute, sondern rund 4 Minuten. 300 Wörter pro Minute sind ein recht zügiges Lesetempo für das vollständige Lesen eines leichten deutschen Textes. Höchst selten sind diejenigen Leser, welche für das vollständige Lesen Spitzengeschwindigkeiten von mehr als 500 WpM erreichen.

Wenn dann allerdings Senator Talmadge erklärt, er lese 7000 Wörter in der Minute und habe den Bestseller über den Aufstieg und Niedergang des 3. Reiches mit 1200 Seiten in zwei Nächten durchgelesen, und wenn die Frau des Unterstaatssekretärs für Verteidigung behauptet, sie habe den »Dr. Schiwago« von Pasternak in einer Viertelstunde zur Hälfte gelesen, dann ist das amerikanischer Gesellschaftsklatsch und Prahlerei. (Ende der Leseprobe)

Errechnen der Lesegeschwindigkeit

Diese Leseprobe umfaßt rund 320 Wörter. Ihre Lesegeschwindigkeit können Sie der folgenden Tabelle entnehmen:

33 Sekunden		640	
45 Sekunden		427	
1 Minute		320	
1 Minute	15 Sekunden	256	WpM
1 Minute	30 Sekunden	213	(Wörter pro
1 Minute	45 Sekunden	183	Minute)
2 Minuten		160	
2 Minuten	30 Sekunden	128	
3 Minuten		107	

Feststellen der Behaltensquote

Prüfen Sie Ihr Verständnis, indem Sie die Lücken im nächsten Abschnitt ergänzen:

Präsident Kennedy las mit einer Geschwindigkeit von ... Wörtern in der Minute. Er wandte dabei aber die altbekannte Technik des ... oder des ... an. Diese Technik besteht darin, daß die ... Wörter und Sätze ... und ... werden; es wird gleichsam eine ... des Textes während ... vollzogen. Der Normalleser liest hingegen ... und erreicht bei einem leichten Text bis zu ... WpM.

Lösung: siehe unten auf dem Kopf stehend.

Präsident Kennedy las mit einer Geschwindigkeit von 1200 Wörtern in der Minute. Er wandte dabei die altbekannte Technik des *Diagonallesens* oder des *Überlesens* an. Diese Technik besteht darin, daß die *sinntragenden* Wörter und Sätze *ausgewählt* und *gelesen* werden; es wird gleichsam eine *Verdichtung* des Textes während des *Aufnehmens* vollzogen. Der Normalleser liest hingegen Wort für Wort und erreicht bei einem leichten Text bis zu 300 WpM.

Jetzt kennen Sie Ihre Ausgangsleistung. Wie gesagt, 300 WpM bedeuten ein recht zügiges Lesetempo.

Im folgenden einige Punkte, die Ihnen zu schnellerem Lesen verhelfen sollen:

1. Konzentration

Lesen Sie so schnell wie möglich!

Bitte legen Sie die Füße jetzt nicht zur Entspannung auf den Tisch, sondern lassen Sie sie bewußt beide auf dem Boden. Nehmen Sie einen Bleistift in die Hand und lesen Sie so schnell wie möglich, indem Sie Zeile für Zeile durchgehen. Treiben Sie sich selbst an. Sagen Sie sich immer wieder die Worte »schneller, schneller . . .« Es hilft auch, wenn Sie mit dem Fuß wie ein Metronom Zeile für Zeile den Rhythmus klopfen. Das hindert Sie daran, langsamer zu werden.

2. Sitzmöbel

Harte Stühle halten wach

Schauen Sie sich nach Stühlen um, die nicht zu weich sind. Sonst werden Sie leicht müde und schläfrig.

3. Fixationspunkte

Verschiedene Blickspannen

Im folgenden werden die Lesegewohnheiten von drei Studenten beschrieben.

Bei dem ersten Studenten A handelt es sich um einen guten Leser. Bei einer 8 1/2 Zentimeter breiten Zeile hält er viermal an (vier Fixationspunkte). Offensichtlich hat er an sich gearbeitet.

Der Student B ist ein normaler Leser. Er braucht sechs Fixationspunkte in einer 8 1/2 Zentimeter breiten Zeile. Je mehr Fixationspunkte, desto langsamer die Lesegeschwindigkeit und desto niedriger die Behaltensquote.

Der Student C macht große Sprünge, manchmal zu große. Er muß immer wieder zurückgehen (Regression).

Student A:

1 2 3
Es ist be|ispielsweise den w|enigsten Leuten m|öglich, täg-

1 2 3
lich ihre Zeitung vom| Anfang bis zu|m Schluß durch|zu-

Student B:

1 2 3 4 5 6
Es| ist beispie|lsweise den| wenigsten| Leuten |möglich|

1 2 3 4 5 6
tägli|ch ihre| Zeitung v|om Anfan|g bis| zum Schluß |

Student C:

1 3 2 4 6 5
Es ist |beispielsweise| den wenigs|ten Leu|ten mö|glich,|

1 3 2 4 6 5
tägli|ch ihre Zei|tung vom| Anfang bi|s zum S|chluß |

Der Blickwinkel unserer Augen läßt eine Spanne von ca. 20-22 Buchstaben zu. Das kann geübt werden. Bewegen Sie aber bitte beim Lesen nicht den Kopf. Die Augen können das viel schneller.

Literatur und Seminare

4. In diesem Kapitel geht es um *schnelleres* Lesen. *Richtiges* Lesen wurde im Teil 1 (ÜFLFÜ-Lernmethode) beschrieben. Wenn Sie sich für einen Schnell-Lese-Kurs interessieren, kaufen Sie sich ein Buch wie Ernst Ott, Optimales Lesen, rororo-Taschenbuchausgabe.

Strategie Nr. 9

Vokabeln mit dem Karteikasten erlernen

Vokabeln erlernen durch Abhaken

Man kann Vokabeln lernen, indem man abwechselnd einmal die linke Seite und einmal die rechte Seite zuhält. Haken Sie die Wörter, die »sitzen«, mit einem Häkchen ab (Bleistift). Beim zweiten Durchgang prägt man sich nur noch die »nicht gekonnten« Wortpaare genau ein. Bei einem erneuten Durchgang werden die jetzt gelernten Wörter wieder mit einem Häkchen versehen. Das wiederholt sich so oft, bis Sie die Vokabeln im Gedächtnis behalten können.

Vokabeln erlernen mit dem Karteikasten

Eine bessere Methode ist das Lernen mit der Lernkartei. Dazu benötigen Sie allerdings kleine Zettel: Falten Sie ein DIN A 4-Blatt so lange, bis Sie Zettel mit den Maßen 7 x 10,5 cm erhalten. Es gibt auch Karteien mit aufgedruckten Vokabeln zu kaufen. Entsprechend der Zettelgröße wird dann ein Karteikasten gebastelt, ca. 11 cm breit, 5,5 cm hoch und 25 cm lang und in fünf verschiedene Fächer aufgeteilt.

»Die guten ins Töpfchen, die schlechten ins Kröpfchen«

Und so funktioniert dieses System: Bei den ersten 30 Kärtchen schreiben Sie jeweils auf die Vorderseite eines Kärtchens das deutsche Wort und auf die Rückseite das fremdsprachige. Diese Kärtchen stecken Sie so in das erste kleine Fach, daß das deutsche Wort im Blickfeld liegt. Nehmen Sie das erste Kärtchen jetzt heraus und versuchen Sie, das fremdsprachige Wort zu finden. Wenn Sie es nicht wissen, drehen Sie das Kärtchen um und lesen es. Mußten Sie nachsehen, dann stecken Sie das Kärtchen wieder in das Fach zurück – und zwar ganz nach hinten. Haben Sie die Vokabel gewußt, dann stecken Sie das Kärtchen ins zweite Fach. Effekt: Vokabeln, die Sie bereits können, sind erledigt und außerhalb Ihres Blickfeldes.

So funktioniert der Karteikasten

So können Sie sich um so intensiver mit den schwierigen Vokabeln beschäftigen; denn eine Vokabel, die nicht bekannt ist, wird so lange ins erste Fach zurückgesteckt, bis sie gelernt ist. Am nächsten Tag gehen Sie dann an das zweite Fach und natürlich auch an die noch ungelernten Vokabeln im ersten Fach heran. Aus dem zweiten Fach nehmen Sie die erste Karte heraus und prüfen, ob die Vokabel noch sicher sitzt. Wenn ja, dann kommt sie nun ins dritte Fach. Wenn nicht, dann kommt sie wieder ins erste Fach zurück.

Das zweite Fach muß nicht restlos ausgeräumt werden; allerdings müssen Sie dort Platz schaffen, daß neue Vokabeln in dieses Fach vorrücken können. Irgendwann ist dann auch das dritte Fach überfüllt. Schaffen Sie dort Platz! Die Regeln kennen Sie bereits von Fach zwei. Auch hier gilt, daß die vergessenen Vokabeln ins erste Fach zurückgesteckt werden müssen. Bei jedem Üben rücken die gelernten Kärtchen weiter nach hinten, bis sie in den »Kärtchen-Himmel«, das hinterste Fach, gelangen. Wenn dann eines Tages Fach fünf »überläuft«, räumen Sie die Kärtchen ruhig weg. Für Vokabeln, die sich dort sammeln, haben Sie die Garantie, daß sie fehlerfrei im Gedächtnis haften bleiben.

Die Lernkartei ermöglicht Ihnen ein ganz neues Tempo beim Lernen von Vokabeln, wobei sich das Tempo Ihrem Gedächtnis anpassen soll. Vergessener Stoff wird in dem Maß wiederholt, wie es nötig ist. Wiederholungen von Vokabeln, die man in- und auswendig kann, werden vermieden.

Zwei Tips zum Schluß:

Verbringen Sie Ihre Ferien im fremdsprachigen Ausland

Tip 1: Wie lernt man eine Sprache sprechen? Das Rezept lautet: »Man weile einige Wochen in dem Land, dessen Sprache man lernen will.« Wichtig ist dabei, daß während dieser Zeit möglichst auf Kontakte zu Landsleuten verzichtet wird. Von den vielen Veranstaltern von Sprachreisen sind folgend zwei besonders empfehlenswerte aufgeführt. Die Auswahl ist keine qualitative Wertung; berücksichtigt wurden vor allem größere Unternehmen.

Sprachkurse im Ausland veranstalten:

Kompaß-Sprachreisen GmbH
Limburgstr. 11 B
40235 Düsseldorf
Tel: (02 11) 69 91 30, Fax: (02 11) 69 91 322
Internet: www.kompass-sprachreisen.de
e-Mail: info@kompass-sprachreisen.de

Vermittler von Sprachkursen an ausländischen Schulen:

Dr. Steinfels Sprachreisen,
Postfach 120770, 90604 Rückersdorf

Üben ist wichtig

Tip 2: Manche lernten früher einmal eine Sprache zu sprechen; aber heute haben sie fast alles vergessen, weil ihnen die Übung fehlt. Besorgen Sie sich also Vorträge und Referate auf Tonbandkassetten in der jeweiligen Sprache. Wenn Sie gewohnte Arbeiten wie z.B. Autofahren oder Dias einrahmen verrichten, können Sie gleichzeitig eine Kassette hören. Ebenso gewinnbringend ist es, einen entsprechenden Auslandssender zu hören.

Strategie Nr. 10

Hausaufgaben – einsam oder gemeinsam?

In der Gruppe geht es besser

Mit anderen zusammen werden Sie leichter und schneller lernen können. Vielfach wird das Lernen in kleinen Gruppen unterschätzt. Das ist schade; denn darin werden wir ein großes Kräftepotential entdecken.

Grundsätzlich gilt, daß es sich im Team wirkungsvoller lernen läßt. Eins und eins ist mehr als zwei. Die Leistung von zwei oder drei Studenten im Team liegt höher als zwei oder drei Einzelleistungen. Begründung: Jeder hat andere Begabungen, eine andere Auffassungsgabe, andere Vorbildung usw. Aus dieser neuen Blickrichtung ergeben sich ganz neue Lösungsmöglichkeiten. Es ist wichtig, daß die Gruppe nur zwei bis drei Leute umfaßt. Sind es mehrere, wird es nicht zu verhindern sein, daß sich der eine oder andere wenig beteiligt und an den Rand der Gruppe gedrängt wird.

Die ideale Gruppe umfaßt 2-3 Personen

Ein weiterer Vorteil liegt im Zwang zur Selbstdisziplin. Die vorausgegangene Verabredung, zu einem bestimmten Zeitpunkt zusammenzukommen, verpflichtet. Da man sich in der Regel auf dieses Treffen vorbereiten muß, wird man sich auch mit dem Thema auseinandersetzen.

Manche Menschen erarbeiten sich den Lernstoff grundsätzlich lieber erst einmal allein, da sie sich so ungestörter fühlen und sich besser konzentrieren können. Aber auch für sie gilt, daß es sinnvoll ist, sich daraufhin mit Mitschülern zusammenzusetzen und den Stoff noch einmal gemeinsam durchzusprechen. So können Zusammenhänge verdeutlicht und neue Erkenntnisse hinzugewonnen werden.

Die Zusammensetzung der Teams sollte gut überlegt sein. Denn entscheidend für das Gelingen der Teamarbeit ist die Bereitschaft zur Arbeit und eine gewisse Ernsthaftigkeit.

Jeder profitiert!

Weiter Vorangeschrittene befürchten, daß sie nichts hinzulernen und in einem Team die Gebenden seien, während die anderen sie nur aufhalten könnten. Das muß nicht so sein, weil die, die schon mehr wissen, von der Gruppenarbeit ebenso profitieren wie die anderen, da das Lernen erwiesenermaßen durch gegenseitiges Lehren am wirksamsten ist; d.h. der Vorangeschrittene ist gezwungen, den Stoff so darzustellen, daß ihn andere verstehen können. Durch sein Sprechen und Formulieren ist er gezwungen, sorgfältig zu definieren, um Hilfe zum Verstehen zu geben. Dadurch werden viele neue Gedanken ausgelöst, die ihn selbst zu ganz neuen Einsichten führen.

Die Gruppe zwingt zum Denken

Natürlich kann es auch Schwierigkeiten geben: Es besteht die Gefahr des Konkurrenzdenkens und die Aussicht, seine eigene Position auf Kosten der anderen verbessern zu wollen. Bestimmt gibt es auch manchmal Probleme dadurch, daß der andere nicht konstruktiv auf die Beiträge seines Gegenübers einzugehen vermag. Es hat sich aber bewährt, die Zusammensetzung der Gruppe trotz Schwierigkeiten oft zu ändern, damit diese mit der Zeit bewältigt werden können.

Strategie Nr. 11

Kampf gegen die Vergeßlichkeit

Das Gedächtnis ist kein Schrank, sondern einem Muskel vergleichbar

In Amerika ist ein Buch mit dem Titel »In 10 Tagen zum vollkommenen Gedächtnis« erschienen. Wahrscheinlich kennen Sie ähnliche Bücher. Sie dürfen ruhig lächeln. Denn kein Buch wird aus Ihnen einen Gedächtnismeister machen können, der alles wörtlich im Gedächtnis behält.

Das Gedächtnis ist kein Schrank, sondern einem Muskel vergleichbar. In einen Muskel kann man nichts hineinstopfen. Man kann ihn nur zum »Üben« reizen. Ein Muskel nützt sich durch Üben nicht ab oder wird gar schwächer. Im Gegenteil, er wird dadurch kräftiger und brauchbarer. Die Ansicht, daß das Gedächtnis bis obenhin vollgestopft werden könnte, bis nichts mehr hineingeht, stimmt deshalb ganz und gar nicht. Auch das »Nachlassen« des Gedächtnisses, was bei manchen Menschen bereits in den 30er oder 40er Jahren eintritt, hat nichts mit einem organischen Nachlassen der Leistungsfähigkeit zu tun, sondern rührt von einem Mangel an richtiger Übung und an richtiger Beschäftigung des Gedächtnisses her. Ein geübtes Gedächtnis kann sogar bis ins Alter hinein immer mehr verbessert werden.

Einige Zusammenhänge sind wichtig:

Den vergeßlichen Professor gibt es nicht

1. Wollen Sie sich eigentlich erinnern? Die Vergeßlichkeit rührt hauptsächlich daher, daß man sich gar nicht vorgenommen hat, etwas zu behalten. Wenn Sie also im Unterricht zuhören, sagen Sie sich: Das möchte ich begreifen. Das möchte ich mir einprägen, weil es für mich wichtig ist. Durch diese Merkbereitschaft verdoppeln Sie Ihre Merkfähigkeit. Jemand, der als »wandelndes Lexikon« vergißt, wo er seinen Bleistift hingelegt hat, wird ihn offensichtlich unbeabsichtigt weggelegt haben, ohne sich den Ort zu merken. Je konzentrierter Sie sind, desto mehr können Sie sich merken!

Die Merkfähigkeit kann mit der Empfindlichkeit eines Filmes verglichen werden: Je höher die Empfindlichkeit, desto stärker die Abbildung (wenn dieselbe Belichtungszeit wie bei geringer empfindlichen Filmen verwandt wird).

Je mehr Sie wissen, desto einfacher lernen Sie dazu

2. Je mehr Sie gelernt haben, desto mehr können sie lernen. Dadurch, daß Sie sich etwas eingeprägt haben, ist keineswegs zukünftigem Lernstoff Platz weggenommen. – Im Gegenteil. Je mehr Sie von einer Sache wissen, desto einfacher ist es, sich noch mehr auf demselben Gebiet einzuprägen. Das Gedächtnis gleicht eher einem System von Mauerhaken in einer glatten Felswand: Je mehr Mauerhaken vorhanden sind, desto leichter fällt es dem Kletterer, sich daran festzuhalten und neue einzuschlagen. Und wer erst einmal 50 Mauerhaken eingeschlagen hat, dem bereitet es weniger Mühe, weitere einzuschlagen. Das heißt: Je mehr Sie von einem Fachgebiet wissen, desto einfacher ist es für Sie, noch schneller und gründlicher in die Materie einzudringen.

Verschiedene Menschen »behalten« verschieden

3. Es ist wichtig, Eindrücke mit den richtigen Sinnen aufzunehmen. Man kann Menschen unterteilen in »Augentypen«, »Ohrentypen« und »Bewegungstypen«. Normalerweise stuft sich die Behaltensquote folgendermaßen ab:

Behaltensquote 20%, wenn gehört,
Behaltensquote 30%, wenn gesehen,
Behaltensquote 50%, wenn gehört und gesehen,
Behaltensquote 90%, wenn selbst ausgeführt wird.

Stellen Sie Zusammenhänge her

4. Merken durch Denken ersetzen. Versuchen Sie nicht, sich Daten und Fakten zu merken, sondern verknüpfen Sie sie mit anderen Informationen zu gedanklichen Zusammenhängen. Das hat den Vorteil, daß Sie sich das Wissen jederzeit durch logisches Denken wieder bewußt machen können, während das Merkwissen hingegen sehr oberflächlich ist. Es bleibt dann nur wenig zum Einprägen übrig.

Eselsbrücken können nicht einstürzen

5. Bauen Sie sich Eselsbrücken. Der Grundstein für jedes Gedächtnistraining liegt in der Fähigkeit der Assoziation, d. h. in der Fähigkeit, gedankliche Brücken zwischen verschiedenen Informationen zu bauen.

Wenn sich Ihnen ein Herr Magon vorstellt und Sie sich dessen Namen merken wollen, indem Sie an Magen denken, dann ihn aber beim ersten Wiedersehen mit Herrn Gauch begrüßen (weil Sie an Bauch denken), so ist dies zwar kein 100%iger Erfolg, doch im Prinzip haben Sie etwas Richtiges getan. Also gilt: Pauken Sie nicht stumpfsinnig, sondern greifen Sie zu allen Listen und Tricks.

Üben hilft gegen Vergessen

6. Wiederholen Sie den gelernten Stoff, und zwar am folgenden Tag, am achten Tag und wiederum nach einem Monat. Im ersten Teil des Buches über die ÜFLFÜ-Lernmethode wird im Kapitel »Überprüfen« eine »Vergessenskurve« beschrieben.

Edison sagte: »Es gibt keinen Ausweg, den ein Mensch nicht beschreitet, um die tatsächliche Arbeit des Denkens zu vermeiden.«

Strategie Nr. 12

Keine Angst vor Prüfungen

Ein großer Teil des Lernens wird als Vorbereitung für eine Prüfung geleistet. Daher ist es selbstverständlich, daß in diesem Buch von Prüfungen die Rede ist.

Prüfungen sind notwendig

Prüfungen wollen uns Gelegenheit geben, unser Wissen zu messen und zu zeigen, über welche Kenntnisse und Fertigkeiten wir verfügen.

Die Prüfungen zwingen uns, den Lernstoff aufzufrischen, bevor er ganz in Vergessenheit geraten ist. Damit erhöhen sich die Chancen, daß die Kenntnisse zum bleibenden geistigen Besitz werden. Es wird immer wieder kleine und große Prüfungen geben: Führerscheinprüfung, Bewerbung um eine Anstellung, Examensarbeit . . .

Vorbereitung:

Wenn die Vorbereitungen stimmen, beherrschen Sie am Tage X Ihren Stoff, zeigen nur wenig Prüfungsangst und lassen sich durch keine Frage verblüffen.

Machen Sie sich einen Plan, wann Sie etwas erarbeiten wollen und mit wem zusammen Sie lernen und diskutieren möchten. In der Diskussion mit Mitschüler oder Kommilitonen, die beim selben Lehrer früher schon Prüfungen hatten, kann man viel lernen.

Manchmal ist es möglich, sich frühere schriftliche Prüfungen zu besorgen.

Das alles wird Ihnen helfen, richtig »Inventur« zu machen. Dann können Sie auch ungefähr überblicken, wieviel Stunden einzuplanen sind, die Sie auf verschiedene Tage verteilen. An den Vortagen zur Prüfung folgt dann noch eine Gesamtrepetition.

Arbeiten Sie nach der ÜFLFÜ-Methode. Das macht sich auch hier bezahlt.

Die schriftliche Prüfung:

Regeln für die schriftliche Prüfung

Wenn Sie selber formulieren müssen, lohnt es sich, einige Regeln zu beachten:

1. Bleibt die Reihenfolge der Beantwortung Ihnen überlassen, beginnen Sie selbstverständlich mit der Frage, die Ihnen am leichtesten fällt. Das stärkt das Selbstvertrauen und beruhigt die Nerven.

2. Müssen die Fragen in einer vorgeschriebenen Reihenfolge beantwortet werden, kann man für jede Aufgabe eine neue Seite beginnen oder bei einer schwierigen Frage zunächst Platz frei lassen.

3. Auf einem Schmierpapier die Antwort entwerfen, um dadurch leichter eine angemessene Gliederung finden zu können.

4. Lesen Sie die Frage Wort für Wort durch, damit Sie die Absicht des Fragestellers genau heraushören können.

5. Werden Sie während der Prüfung plötzlich nervös, legen Sie den Stift auf die Seite, schalten einen Moment ab und entspannen sich. Vielleicht sprechen Sie ein kurzes Gebet, das Ihnen wieder Kraft gibt.

6. Einige Minuten vor Ende der Zeit das Geschriebene noch einmal überfliegen.

Die mündliche Prüfung:

Regeln für die mündliche Prüfung

Für klare und überlegte Antworten helfen Ihnen die folgenden Punkte:

1. Bitten Sie den Lehrer um Auskunft, wenn Sie die Frage nicht richtig verstanden haben.

2. Sind Sie unsicher, schweigen Sie nicht einfach, sondern versuchen Sie, das Thema zu umschreiben.

3. Sprechen Sie laut und deutlich.

4. Seien Sie korrekt angezogen.

Etwas Aufregung gehört dazu

Ein bißchen Lampenfieber ist ganz normal. Schließlich wollen Sie an diesen Tagen einen Abschluß erreichen, um damit für lohnende und künftig größere Aufgaben frei zu werden. Und nun gehen Sie zur Prüfung – ausgeschlafen, aufmerksam und mit guter Zuversicht!

Strategie Nr. 13

Informationen beschaffen – von der Bibliothek bis zum Internet

Wie nutze ich die Bibliothek?

Wie rationell der Studierende arbeitet, hängt auch davon ab, wie er es versteht, benötigte Literatur schnell und sicher zu finden.

Es beginnt mit der Anmeldung

1. *Anmeldung.* Die erste Stelle, die wir in einer Bibliothek aufsuchen müssen, ist die Anmeldung. Gegen Vorlage des Ausweises erhält man hier eine Benutzungskarte. Durch Unterschrift erkennt man die Benutzungshinweise an, die die ersten Schritte in der Bibliothek erleichtern können.

Mitarbeiter helfen weiter

2. *Auskunft.* Die zweite Station ist die Auskunft. Sollte die Bibliothek keine spezielle Auskunft besitzen, so wenden Sie sich an die Bibliothekare in den Katalog- oder Ausleihräumen. Jeder Mitarbeiter in der Bibliothek ist ansprechbar und gibt gerne Auskunft.

3. Kataloge. Jede Literatur, die die Bibliothek besitzt, ist in den Katalogen verzeichnet. Je nachdem, was Sie suchen, benötigen Sie verschiedene Kataloge.

Es gibt verschiedene Kataloge

a) Verfasserkatalog:
In diesem Katalog sind alle Werke alphabetisch nach den Namen ihrer Verfasser geordnet. Darin finden Sie Antworten auf die Frage: Welche Werke eines bestimmten Verfassers besitzt die Bibliothek? Auch diese Frage wird beantwortet: Besitzt die Bibliothek ein bestimmtes Werk? Meistens sind in diesem Katalog auch die sogenannten anonymen Werke mit enthalten; das sind Schriften mit mehr als drei Verfassern oder Zeitschriften usw., bei denen kein Verfasser angegeben ist.

b) Sachkatalog:
Der Bücherbestand ist nach verschiedenen Sachgebieten geordnet. Auf folgende Frage finden Sie Antworten: Welche Literatur besitzt die Bibliothek über ein bestimmtes Gebiet? Sie brauchen also nicht unbedingt Namen des Verfassers oder Titel des Buches kennen, sondern können ein Sachgebiet durchgehen.

c) Schlagwortkatalog:
Darin findet man nach Schlagwörtern geordnet – aber in den Sachgebieten durcheinander – den Nachweis der vorhandenen Literatur. Es ist sinnvoll, unter einer Reihe von Schlagwörtern nachzusehen. Der Katalog ist leicht zu handhaben. Je nach Größe und Modernität der Bibliothek sind diese Kataloge nicht nur im bekannten Karteikartensystem vorhanden, sondern auch über sog. Microfiche-Folien oder EDV-Programme einsehbar, die auch für Laien leicht zu bedienen sind.

4. Die Ausleihe. Haben Sie im Katalog den Titel ermittelt, so interessiert Sie als nächstes die Ausleihe. In großen Bibliotheken muß für jedes Werk ein Bestellschein ausgefüllt werden. Für jedes Buch ist im Katalog eine Buchstaben- und Zahlenkombination angegeben. Dies ist die sogenannte Signatur. Sie muß auf dem Bestellschein mit angegeben

Die Ausleihe benötigt einen Bestellschein

werden. Die ausgefüllten Bestellscheine werden in bereitstehende Kästen eingeworfen. Die Bücher können dann an der Bücherausgabe in Empfang genommen werden. Ist ein Buch bereits verliehen, kann man sich dafür vormerken lassen. Ist ein Buch in der Bibliothek nicht vorhanden, besteht die Möglichkeit, es im Austauschverkehr zwischen den Büchereien beschaffen zu lasen.

Bibliotheken eignen sich als ideale Arbeitsplätze

5. Lesesaal. Die Bücher können mit nach Hause genommen werden oder im Lesesaal gelesen werden. Der Bibliothekslesesaal wird von vielen Lernenden als idealer Arbeitsplatz angesehen und darum aufgesucht, auch wenn keine Bücher entliehen werden. Viele nutzen diese Atmosphäre der Konzentration, während sie zuhause ständig gegen viele Ablenkungen zu kämpfen haben.

Viel Spaß beim Blättern in Katalogen.

Wie lerne ich mit dem Computer?

Computer spielen heute eine so dominante Rolle in unserem Alltag, daß die Fähigkeit, den Computer und das Internet effektiv zu nutzen, genauso wichtig sein wird, wie eine Bibliothek richtig zu nutzen.

Haben Sie nicht auch schon mal den Drang verspürt, Ihren Computer zu küssen, wenn er die stupiden, aber umfangreichen Rechnungen für Physik automatisch durchführt, die Deutsch-Hausaufgabe nach (fast allen) Rechtschreibfehlern durchsucht und Texte mühelos gestaltet, bis endlich unsere paar kläglichen Gedanken auf einer eindrucksvollen DIN-A4-Seite verteilt sind?

Aber kennen Sie auch den Wunsch, Ihren Computer aus dem Fenster zu werfen, weil ein Programm abgestürzt ist, kurz bevor Sie eine fünfseitige Geschichtsarbeit abspeichern konnten?

Wenn es Ihnen so geht, dann sollen die Tips der nächsten Seiten Ihnen helfen, sich wieder mit Ihrem Computer zu versöhnen und ihn zu Ihrem besten Helfer beim Lernen und Suchen von Informationen werden zu lassen.

Zeitfalle: Chaos in den Dateien

Es beginnt mit der Ordnung

Ein regelrechtes Sammelfieber scheint viele Computernutzer zu ergreifen, wenn sie riesige Mengen von Texten und Informationen abspeichern, egal ob wichtig oder unwichtig. Es ist gerade so, als würde der große Rucksack, den wir jeden Tag mit zur Schule nehmen, mit wild durcheinanderfliegenden Zetteln gefüllt werden, jeden Tag ein paar mehr. Von Morgen zu Morgen werden wir auf dem Weg zur Schule immer langsamer, denn das Gewicht des Rucksacks drückt uns zu Boden. Ganz zu schweigen von den vielen Minuten, die wir damit verbringen eine ganz bestimmte Information zu suchen, die irgendwo in den Tiefen des Rucksacks verschollen ist.

Deswegen ist es so wichtig, die Dateien im Computer regelmäßig aufzuräumen, veraltete Informationen zu löschen und relevante Informationen zu sortieren, indem wir frühzeitig Ordner für bestimmte Themen oder Fächer anlegen. Jede Hausaufgabe für den Geschichtsunterricht wird z.B. unter »Geschichte« abgespeichert. Je nach Geschmack können Sie die Unterteilung der Ordner feiner festlegen oder eher weite Oberbegriffe wählen. Egal wie, wichtig ist nur, daß Sie eine Ordnerstruktur haben, die einfach und logisch ist.

1. Computer-unterstütztes Lernen

Computer statt Nachhilfelehrer

Wenn Ihnen Ihr letzter Nachhilfelehrer zu langweilig war, dann versuchen Sie es doch einmal mit Computer-unterstütztem Lernen. Durch bestimmte Softwareprogramme sollen auf unterhaltsame Weise Wissen, Kenntnisse und Fähigkeiten vermittelt, eingeübt und überprüft werden. So ist es denkbar, Englisch zu lernen, während man mit Miss Marple einen Kriminalfall löst. Auch Simulationen des Börsengeschehens z.B. erfreuen sich zunehmender Beliebtheit.

2. Internet-unterstütztes Lernen

Lernen mit dem Internet erfordert viel Selbstdisziplin

Träumen Sie davon, zu lernen wann und wo Sie wollen, in dem Tempo, das Ihnen liegt? Dann ist Internet-unterstütztes Lernen vielleicht genau das Richtige: Universitäten und Akademien übermitteln per Internet Unterrichtseinheiten, die die Kursteilnehmer *downloaden* (herunterladen) und bearbeiten können. E-Mail-Kontakte zu Lehrern und Tutoren sowie *Chatforen* (Gesprächsrunden) sorgen für den indirekten Kontakt zwischen Schüler und Lehrer. Schnell kann auf aktuelle Informationen reagiert werden. Aber diese Art zu lernen erfordert viel Selbstdisziplin. Die technische Umsetzung der Lernprogramme läßt immer noch zu wünschen übrig, und der direkte Kontakt zu Mitschülern und Lehrern fehlt weitestgehend.

3. *Das World Wide Web*

Das World Wide Web oder auch WWW ist ein Teil des gesamten Internets und eine wahre Fundgrube für Informationen, Hilfen und Unterhaltungsangebote in einer Menge, die unser Vorstellungsvermögen sprengt. Um in diesem Dschungel nicht verlorenzugehen, ist es – besonders für Einsteiger – wichtig, Suchmaschinen des WWW gezielt in Anspruch zu nehmen, die eine Art Landkarte zur Verfügung stellen.

4. *Suchen im WWW*

Zum A und O einer WWW-Nutzung gehört die Bedienung von Suchmaschinen, die ohne menschliches Zutun funktionieren und das gesamte Web durchforsten. Da es keine »beste« Suchmaschine gibt, sollte jede Suche mit mehreren Suchmaschinen durchgeführt werden.

Zuerst die geeigneten Suchbegriffe überlegen

Der Erfolg einer Suche hängt entscheidend von dem Suchbegriff ab. Hier sollte man möglichst spezielle Stichwörter eingeben, um z.B. herauszufinden, ob eine bestimmte Person oder Firma im Internet präsent ist oder um Informationen über ein ganz spezielles Thema einzuholen. Anstatt Suchbegriffe wahllos in ein Suchfeld zu schreiben, kann man mit sogenannten Operatoren *(AND, OR, NOT, ...)* arbeiten. Die Suchmaschine liefert dann nur Ergebnisse, in denen beide Begriffe vorkommen müssen *(Hamburg AND Universität)* oder dürfen *(Universität OR Fachhochschule)* oder aber ein Begriff ausgeschlossen wird *(Hamburg NOT Hafen).* Es empfiehlt sich, die erweiterten Suchfunktionen verschiedener Suchmaschinen durchzulesen. Dies kostet zunächst mehr Zeit, aber unter dem Strich kommen Sie schneller zum Ziel.

Beispiele für Suchmaschinen

www.altavista.de oder *www.excite.de oder www.fireball.de* oder *www.crawler.de*

Hier handelt es sich um internationale Suchmaschinen für das internationale World Wide Web mit deutschen Anleitungen.

www.yahoo.de oder *www.dino-online.de*

Dies sind zwei der größten thematischen Internetkataloge, die von Menschen erstellt werden. Hier sind zwar nie alle Dokumente des WWW erfaßt, aber es läßt sich wie in einem Nachschlagewerk nach Informationen zu bestimmten Fachgebieten, Themen oder Personen suchen. Die Suchbegriffe sollten daher eher allgemein sein *(z.B. Kanada, Musik, ...),* dann erhalten Sie als Suchergebnis übersichtliche Listen über z.B. alle Anbieter eines Produkts oder einen allgemeinen Überblick über die Inhalte eines Fachgebietes mit in der Regel einer kurzen Bewertung des Dokuments.

www.kenjin.com oder *www.tomorrow.de/computer/kenjin/index.html*

Die nächste Generation intelligenter Suchmaschinen ist bereits im Kommen. *Kenjin* (japanisch für »weiser Mann«) ist eigentlich schon mehr als eine Suchmaschine. Es ist eine

Wissensmaschine, die nach und nach die Interessen und Fachgebiete des Nutzers erlernt. Schreibt ein Kenjin-Nutzer z.B. eine E-Mail über seine Geschäftsreise nach England, schlägt Kenjin in einem Sichtfenster als Querverweise Internet-Adressen vor, auf denen sich Flugverbindungen, Hotelempfehlungen, Landkarten oder die aktuellsten News zur Wirtschaftslage befinden. Empfehlenswert ist ein download (Herunterladen) dieser kostenlosen Software unter der »Tomorrow«-Internet-Adresse, da hier die Instruktionen in deutscher Sprache verfaßt sind.

a) Elektronische Textarchive

Vollständige Texte im Internet

Von den großen Werken der Weltliteratur sowie Werken von Autoren die mehr als 70 Jahre tot sind, findet man fast alle als Volltext in einem der vielen Textarchive im Internet, da diese nicht mehr urheberrechtlich geschützt sind.

Internet-Einstiegsseiten von Bibliotheken, z.B.:
www.uni-muenchen.de

Häufig gibt es hier *Links* (Querverweise) zu elektronischen Textarchiven.

www.britannica.com

Sie enthält den kompletten Text dieses berühmten enzyklopädischen Lexikons. Hier sind garantiert fachlich zuverlässige Informationen zu finden.

gutenberg.aol.de/gutenb.htm

Hier finden Sie literarische Texte.

sunsite.berkeley.edu/alex/

Dies ist eine der größten englischsprachigen Datenbanken für elektronische Texte.

bible.gospelcom.net

Es handelt sich um eine Spezialdatenbank mit dem Volltext der Bibel in neuen Sprachen und verschiedenen Versionen.

www.hbz-nrw.de/literatur/set.html

Hochschulbibliothekszentrum des Landes Nordrhein-Westfalen. Auch wenn die neuesten Bücher in der Regel nicht als Volltext im Internet erhältlich sind, so kann man sich doch immerhin über ihren Inhalt informieren oder Leseproben lesen. Auf dieser Internetseite finden Sie eine Liste von deutsch- und englischsprachigen Servern mit Buchbesprechungen.

b) Medienarchive

Zeitungen und Nachrichten im Internet

Große Tages- und Wochenzeitungen sind meist mit der kompletten Tagesausgabe im Internet präsent, häufig sogar mit einem Archiv.

www.dino-online.de/seiten/go0bmedien.htm

Hier ist eine Liste von deutschsprachigen Zeitungen plaziert.

uncweb.carl.org/

UnCover ist eine der weltweit größten Datenbanken für gedruckte Zeitschriften aus allen Fachbereichen und liefert kurze Hinweise auf den Inhalt. Der gewünschte Artikel wird gegen Gebühr auch per Fax zugeschickt.

de.news.yahoo.com/ oder *www.cnn.com/*

Hier können z.B. deutsche Schlagzeilen und Nachrichten und internationale Nachrichten abgefragt werden.

c) Virtuelle Bibliotheken

Buchkataloge im Internet

Eine virtuelle Bibliothek sammelt elektronische Informationen, ordnet sie und stellt sie zur Verfügung. Ihr großer Vorteil liegt in dem hohen Niveau der Ressourcen, da Fachpersonal die Online-Kataloge aktualisiert. So läßt sich schnell herausfinden, ob es Neuerscheinungen zu bestimmten Themen gibt. Man kann sich eine komplette Liste von allen Büchern zu einem Thema erstellen lassen.

www.grass-gis.de/bibliotheken/ oder
www.uni-duesseldorf.de/WWW/ulb/virtbibl.html

Einen guten Einstieg bieten diese Internetseiten der GDF Hannover und der Universität Düsseldorf.

www.ipl.org

Die Internet Public Library ist eine der größten virtuellen Bibliotheken.

d) Mailing-Listen und Newsletter

»Abonnements« von Internetseiten

Wenn Sie eine E-Mail-Adresse zur Verfügung haben, sind *Mailing-Listen* und *Newsletter* eine hervorragende Möglichkeit, um sich themenbezogene Informationen per E-Mail zukommen zu lassen.

Mailing-Listen auf der einen Seite sind meist moderierte Diskussionsforen, in denen jeder Beitrag per E-Mail an alle Listen-Teilnehmer verschickt wird. *Newsletter* auf der anderen Seite sind Informationsdienste, die der jeweilige Herausgeber meist kostenlos per E-Mail allen eingetragenen Abonnenten zusendet.

www.lisde.de

Hier finden Sie viele deutschsprachige Mailing-Listen und Newsletter.

www.liszt.com

Dies ist eine englischsprachige Datenbank mit ca. 80 000 Mailing-Listen.

www.mailbase.ac.uk/kovacs/kovacs.html

Es handelt sich um Mailing-Listen mit schulischen und wissenschaftlichen Inhalten.

e) Beurteilung von Suchergebnissen aus dem Internet

Das Internet kritisch nutzen

Nur weil eine Information im Internet steht, ist sie noch lange nicht wahr, denn es gibt keine Institution, die dies überwachen würde. Jede Privatperson kann ihre guten oder kranken Ideen ins Netz stellen. Organisationen, die im Web präsent sind, verfolgen häufig einen ganz bestimmten Zweck und informieren eventuell einseitig, um ihr Produkt zu verkaufen oder ihr Anliegen zu verbreiten. Um so wichtiger ist es, z.B. Suchergebnisse aus dem Internet kritisch zu überprüfen.

Aus der WWW-Adresse erfahren Sie einiges über den Anbieter der Seite: Aus welchem Land er stammt *(.de;.uk;.ch; . . .)*, handelt es sich um eine Firma *(.com)*, eine Universität *(.edu)* oder eine Non-Profit-Organisation *(.org)*? Private *Homepages* (Internetseiten von Privatpersonen) erkennt man häufig daran, daß sie sich in einem Verzeichnis *homepages* befinden.

Sie können außerdem durch Suchmaschinen (z.B. *Altavista Advanced Modus*) feststellen lassen, welche Internet-Anbieter einen *Link* auf das betroffene Dokument haben; zum Teil gibt es hier auch Besprechungen oder Kommentare zu einzelnen Dokumenten. Wenn z.B. mehrere Sekten auf dieses Dokument verweisen, sollten bei Ihnen die Alarmglocken klingeln.

Beim Suchen Zeit sparen

f) Lesezeichen erstellen

Stellen Sie sich vor, Sie besäßen ein Buch mit 20 Millionen Seiten. In unregelmäßigen Abständen möchten Sie Ihre 10 Lieblingsseiten lesen. Wäre es da nicht sinnvoll, 10 Lesezeichen an die richtigen Stellen zu legen, um nicht jedes Mal von neuem alle 20 Millionen Seiten durchstöbern zu müssen? Das Internet hat weit mehr Seiten, deshalb lohnt es sich, daß Sie sich mit der Lesezeichenfunktion Ihrer Internet-Software vertraut machen. Sie müssen sich nicht mehr krampfhaft komplizierte WWW-Adressen merken, und Sie können Lesezeichen übersichtlich nach Themenblöcken sortieren wie Musik, Firmen, Urlaub, Fußball usw.

Um zu verhindern, daß Sie zu viele und später nicht mehr funktionierende Seiten als Lesezeichen haben, sollten nur Leitseiten und Homepages abgespeichert werden.

Internet-adressen für Lernprogramme

g) Individuelle und interaktive Lernprojekte im Internet

Inzwischen gibt es im Internet immer mehr Projekte, die es ermöglichen zu lernen, wann und wo Sie wollen. Beispielhaft haben wir einige interessante Projekte für Sie zusammengestellt:

www.discovery.com Dann nach *blackdeath* suchen.

Hier erleben Sie einen sehr anschaulichen Geschichtsunterricht über die Pest im 14. Jahrhundert. Sie können Wege nachgehen, auf denen sich die Pest verbreitet hat, betroffene Städte besichtigen und mit den Betroffenen der Pest reden.

www.slf.ruhr-uni-bochum.de/

Sprachenlernen wird interessanter, wenn Sie paarweise mit einer Person zusammenarbeiten, um voneinander die jeweilige Muttersprache zu erlernen. Hier werden kostenlos Lernpartner vermittelt.

pumas.jpl.nasa.gov/

Auf der PUMAS Seite finden Sie zahlreiche Ideen, wie Mathematik und Wissenschaften im Alltag angewendet werden können.

Das Internet mag ein riesiger Informationsdschungel mit Unterhaltungswert sein, aber mit den oben genannten Tips sollten Sie nun eine erste Landkarte in den Händen halten, die Ihnen helfen kann, die Wissensschätze im WWW zu entdecken und das falsche Gold links liegenzulassen.

Quellen:

Christian A. Gertsch, Lernen und Lehren mit Internet, Verlag Sauerländer, Aarau 1999

Diana Scharf-Hunt/Pam Hait, Studying Smart, Harper, New York, überarb. Ausgabe 1990

Ronald W. Fry, How to study, Career Press, Franklin Lakes, New Jersey, 4. Auflage 1996

Studying and Test Taking, Springhouse, Pennsylvania

Strategie Nr. 14

Wie arbeite ich ein Referat aus?

Wirkungsvolles Schreiben geschieht stufenweise

Es gibt geborene Schreiber. Wer es jedoch nicht ist, der freue sich darüber, daß man gutes und wirkungsvolles Schreiben erlernen und üben kann. Das gute Schreiben muß richtig vorbereitet werden. Der eigentliche Schreibvorgang ist nichts weiter als der Schlußakt. Fangen wir deshalb ganz vorne an.

Informieren Sie sich

1. *Stoffsammlung.* Ein guter Schreiber beginnt keinesfalls mit dem eigentlichen Niederschreiben. Im Gegenteil wird er diese Tätigkeit so lange wie nur möglich hinauszögern. Wenn Sie ein routinierter Schreiber sind und Ihnen wird ein neues Thema vorgelegt, dann beginnen Sie zunächst mit dem Sichten des Stoffs. Fangen Sie rechtzeitig und zielstrebig mit der erforderlichen Stoffsammlung zum Thema an. Schreiben Sie alles auf ein Blatt Papier, was Ihnen zu diesem Thema einfällt: Beobachtungen, Erfahrungen, Gedanken, Fakten und Zitate. Vielleicht haben Sie auch eigene Bücher, welche dieses Thema behandeln oder statistisches Material beinhalten. Kopieren Sie sich die entsprechenden Seiten oder schreiben Sie die wichtigsten Punkte heraus. Legen Sie sich ein Blatt mit Fragen an, die Sie noch bis zur eigentlichen Niederschrift klären wollen.

»Beherrsche die Sache, dann werden die Worte folgen«, hat Cato gelehrt.

Auch das Unterbewußtsein produziert Ergebnisse

2. *Unterbewußtsein arbeiten lassen.* Beginnen Sie jetzt nicht mit dem Schreiben, sondern benutzen Sie einen kleinen psychologischen Trick. Wenn es Ihnen zeitlich irgendwie möglich ist, lassen Sie den Stoff »ablagern«. Immer wieder überschätzen wir das Wirken unserer bewußten Tätigkeit, das logische Denken. Das Unterbewußtsein kann jedoch bei geistiger Arbeit erstaunlich gut helfen, wenn es richtig eingesetzt wird. Das Unterbewußtsein arbeitet zwar un-

kontrolliert, aber dann und wann schickt es »Ergebnisse« seiner Arbeit in das Bewußtsein. Wir registrieren sie als Einfälle. In der Praxis kann das aber so aussehen: Beschäftigen Sie sich kurz vor dem Zu-Bett-gehen noch einmal ganz intensiv mit Ihrer Stoffsammlung. Dann legen Sie sich schlafen. Am nächsten Morgen wird es für Sie einfacher sein, weiterzuarbeiten. Geben Sie Ihrem Unterbewußtsein Gelegenheit, sich mit dem Stoff zu beschäftigen.

Nicht drauflos schreiben, sondern mit Methode

3. *Schreiben.* Wenn Sie genau wissen, wie Sie das Thema anpacken und aufteilen wollen, sollten Sie nicht länger auf Inspiration warten, sondern mit dem Schreiben beginnen. Ob es besser ist, erst ein Konzept zu entwerfen, um dieses dann immer wieder zu überarbeiten, oder ob Sie gleich »ins Reine« schreiben wollen, das müssen Sie selbst entscheiden. In den USA wurde das Konzept für jedes gute Schreibwerk erarbeitet, bestehend aus vier Wörtern: »Hey you see so.«

»Hey you see so«

Was bedeutet das? *Hey* bedeutet etwa »Hallo!« Wecken Sie die Aufmerksamkeit Ihres Zuhörers! Lassen Sie sich etwas einfallen. Dieser Anfangseffekt ist wichtig.

Mit *you* reden Sie Ihren Zuhörer an, damit er schon zu Anfang Ihre Aufmerksamkeit hat und »gefesselt« wird. Mit *see* wollen Sie den Leser zu einem persönlichen Gespräch über die Thematik veranlassen und ihm diese Punkt für Punkt darlegen. Das ist der Hauptteil Ihres Referates.

Das vierte Wörtlein *so* leitet den Teil ein, den Sie nachher beim Referat am besten frei sprechen, losgelöst vom Manuskript. An dieser Stelle sagen Sie Ihrem Zuhörer: Das sind die Konsequenzen. Hier ist der Aufruf zur Tat. Mit diesem Aufruf entlassen Sie Ihren Zuhörer.

Schönheitsreparaturen

Was Sie jetzt noch tun sollten, ist, Ihr Referat noch einmal durchzulesen, um die notwendige Zeit zu stoppen. Scheuen Sie sich nicht, rigoros zu kürzen, falls es notwendig ist. Der Titel war wahrscheinlich vorgegeben, sonst müßten Sie ihn jetzt genau festlegen. Eventuell ist es noch erforderlich, weitere Zwischenüberschriften zu finden. Vielleicht vermissen Sie auch noch einige zugkräftige, gute und lebendige Beispiele. Der Zuhörer hat mit dem »abstrakten« Denken Schwierigkeiten und ist darum dankbar für jedes gute Beispiel. Noch eins: Versuchen Sie, einfach zu reden. Beherzigen Sie die Regel: »Schreibe, wie Du sprichst.« Müssen Sie diese Arbeit in schriftlicher Form abgeben, kümmern Sie sich besonders um das Aussehen der Arbeit. Untersuchungen haben ergeben, daß Titelblatt und Darstellung, worauf der Beurteilende reagiert, ob er will oder nicht, unterschwellig die Note beeinflussen.

Strategie Nr. 15

Sammeln und ablegen von gedruckten Informationen

Wehren Sie sich gegen die Informationslawine

Pro Jahr erscheinen ca. 40 000 Bücher in Deutschland. Da Sie nicht alles lesen und auch nicht alles lernen können, kommt es darauf an, wichtige Informationen griffbereit zur Hand zu haben. Entscheidend ist dabei das Wort »griffbereit«. Am besten ist es, schon während der Fachausbildung sein Wissen im »Papier-Gedächtnis« zu ordnen und sich im Umgang damit vertraut zu machen. Die Hauptaufgabe beim Anlegen eines solchen Papier-Gedächtnisses ist die richtige Auswahl. Nicht die Fülle ist ausschlaggebend, denn aus einem Minimum an Infos sollten Sie ein Maximum an Ertrag herausholen!

Kleiner Schreibtisch, großer Papierkorb

Bevor Sie jedoch irgendwelche Informationen aufbewahren, überlegen Sie sich, ob Sie jetzt nicht besser das Prinzip anwenden sollten: Kleiner Schreibtisch – großer Papierkorb. Haben Sie Mut, Überflüssiges wegzuwerfen. Lesen

Sie bei Zeitschriften nur das Inhaltsverzeichnis und schlagen Sie nur das auf, was Sie wirklich interessiert! Sind Sie nun an etwas geraten, was sich wirklich lohnt aufzubewahren, haben Sie den Mut, diese Information einfach herauszureißen. (Dies gilt natürlich nicht für geliehene Bücher.)

Fällt es Ihnen schwer, wichtige Dinge, Tabellen usw. richtig auszuwählen, dann fragen Sie andere, die auf dem entsprechenden Gebiet mehr Erfahrung haben.

Andererseits haben Sie den Mut, bestimmte Drucksachen und Zeitschriften, die Ihnen unaufgefordert zugesandt werden, abzubestellen oder zurückzusenden.

Kommen wir zum Thema: Sie haben mittlerweile eine Menge kleinerer Schriften, Zeitungsausschnitte, Fotografien usw. gesammelt, die Sie nun ordnen wollen. Hier sollen zwei Möglichkeiten empfohlen werden:

Hängeregister schaffen Ordnung

1. Ist der Schreibtisch oder ein Schrank entsprechend ausgerüstet, können Sie sich eine Hängeregistratur anschaffen. Sie besteht aus einzelnen Mäppchen aus Pappe, die zusammengehörendes Material aufnehmen und mit Hilfe von Reitern beschriftet werden. Innerhalb des einzelnen Hängeregisters kann noch eine zusätzliche Gliederung durch Kuverts vorgenommen werden. Der Vorteil der Hängeregistratur besteht darin, daß ein Griff genügt, um dann Informationen einzuordnen oder sie ans Tageslicht zu bringen. In Schreibwarengeschäften gibt es auch sehr preiswerte Kästen für Hängeregister, die selbständig, also ohne Schreibtisch, benutzt werden können. Einen ähnlichen Dienst erfüllen übereinander angebrachte Schubladen aus Plastik oder starker Pappe.

So schreiben Sie IHR Buch

2. Es gibt Ansprüche und Erfahrungen im täglichen Leben, die man gerne festhalten will: Informationen aus Gesprächen, gute Redewendungen und Gedanken, Buchtitel, einen guten Briefanfang usw. In Schreibwarengeschäften gibt es Bücher mit kariertem Papier und zwei festen Einbanddeckeln. – Das ganze Buch numerieren Sie von der ersten bis zur letzten Seite. Auf der ersten Seite bringen Sie

ein Inhaltsverzeichnis an, z.B.: ab Seite 5 Zitate, ab Seite 20 Witze, ab Seite 50 empfohlene Bücher usw. Wenn Sie jetzt einen Vortrag hören, nehmen Sie Ihr Buch mit und tragen Sie das Wissenswerte im jeweiligen Kapitel ein. Hand aufs Herz: Ihre Mitschriften und Referate, die Sie einfach als Zettel irgendwo ablegen, nützen Ihnen doch später nichts mehr. Durch die Gliederung in Ihrem Buch oder in den Mappen aber ist Ihnen der direkte Zugriff gewährleistet.

(Dieses Merksystem wurde auch in Strategie 6 »Mitschreiben im Unterricht« erläutert.)

Strategie Nr. 16

Zimmer- und Arbeitsplatzgestaltung

Wenn ein Arbeitsplatz bestimmte Bedingungen erfüllt, dann sind bessere Leistungen automatisch die Folge. Einige dieser Bedingungen sollten Sie kennen:

Ordnung ist die halbe Arbeit

Ordnung als oberster Grundsatz: Ein aufgeräumter Schreibtisch ist die Voraussetzung für konzentriertes Arbeiten. Wir lassen gerne bestimmte Dinge auf dem Schreibtisch liegen, um an sie erinnert zu werden. Jede dieser Erinnerungen ist eine Ablenkung und zögert die derzeitige Tätigkeit nur unnötig hinaus. Außerdem wirkt es sich nicht gerade günstig auf die Arbeitsmotivation aus, ständig die Stapel noch zu erledigender Arbeit vor sich liegen zu sehen. Besser ist es, sich ganz auf eine Tätigkeit zu konzentrieren und die Dinge nacheinander anzugehen.

Die richtige Höhe ist wichtig

Schreibtisch: Aus Ersparnisgründen arbeiten manche an einem Küchentisch oder an einem Minischreibtisch. Beide Tische haben aber nicht die optimale Höhe (ca. 75 cm) und sind deshalb nicht geeignet. Auch sollte ein Schreibtisch so viele Schubladen haben, daß alles, was regelmäßig gebraucht wird, darin untergebracht werden kann. Nach Möglichkeit sollte der Schreibtisch wenigstens eine Schublade für eine Hängeregistratur haben.

Ein harter Stuhl erleichtert die Konzentration

Arbeitsstuhl: Stühle, wie sie in Büros gebraucht werden, sind meistens zweckmäßig, weil sie nach der Körperform entwickelt wurden. Sie haben keine Armlehnen, sind in der Höhe verstellbar und mit fünf Füßen (vier sind nicht mehr zulässig) und Rollen ausgestattet. Wenn man zu bequem sitzt, wird man leicht müde und die Konzentrationsfähigkeit nimmt ab. Deshalb besorgen Sie sich möglichst einen harten Stuhl.

Temperatur: Wärme kann ermüdend sein. Die arbeitsgünstigste Temperatur liegt bei 18⁰-19⁰ Celsius.

19⁰ C sind optimal

Gutes Licht ist selbstverständlich notwendig. Es sorgt für leichteres Arbeiten und verhindert zu rasche Ermüdung der Augen. Grundsätzlich empfiehlt sich eine 100-Watt-Birne. Tip für Vielreisende: Auch fürs Reisegepäck empfiehlt sich eine 100-Watt-Birne zum Auswechseln der meistens völlig unzureichenden Schreibtischbirnen im Hotel.

Richtiges Licht hilft gegen Ermüdung

Papierkorb: Daß ein großer Papierkorb notwendig ist, wurde schon betont. Bleibt noch zu erwähnen, daß er so nahe wie möglich am Schreibtisch stehen sollte, damit man nicht ständig aufzustehen braucht.

Kleiner Schreibtisch, großer Papierkorb

Raumgröße und Raumaufteilung: Der Raum sollte 16-20 qm haben. Ungünstig sind Räume, die wesentlich kleiner sind oder eine sehr niedrige Decke haben. Warme Raumfarben haben sich für die Arbeitsleistung günstiger erwiesen als kalte Farbtöne. Bei der Einrichtung des Zimmers ist es ganz wesentlich, darauf zu achten, daß sich alles in

Nicht Prestige, sondern Zweckmäßigkeit

nächster Nähe befindet. Möbel sollten nach Zweckmäßigkeit und nicht nach Prestige angeschafft werden. Wieder modern werden Stehpulte, wie man sie früher verwendet hat. Manche Arbeiten lassen sich stehend schneller erledigen. Auch wirkt sich abwechselndes Stehen und Sitzen positiv aus. Wichtig ist, daß vom Schreibtisch aus nicht gerade der Blick auf das Bild des Freundes/Freundin fällt oder ähnlich ablenkende Dinge im Blickfeld sind (Blickfeldentlastung). Günstig wirken sich dagegen Grünpflanzen auf die Raumatmosphäre aus. Sie verbessern das Klima und sorgen für einen freundlichen, weniger sterilen Eindruck.

Musik ist als Geräuschkulisse störend

Ruhe: Laufende Musik ist unmöglich, selbst wenn der Lernende behauptet, sich an diese Geräuschkulisse gewöhnt zu haben. (Nur 50 Prozent Konzentration bedeutet nicht, selbst 50 Prozent aufzunehmen, d. h. die Behaltensquote nähert sich Null.)

Checkliste zur Einrichtung des Arbeitsplatzes

1. Habe ich viel Papier (Konzeptpapier) immer unmittelbar griffbereit?
2. Ist der Schreibtisch und alles, was ich von meinem Stuhl aus sitzend erreichen kann, optimal geordnet?
3. Stören Schriftstücke, die in die Ablage gehören, indem sie mir wertvolle Arbeitsfläche verbauen?
4. Ist ein großer Papierkorb in unmittelbarer Nähe?
5. Ist das Blickfeld entlastet?
6. Ist mein Arbeitsstuhl körpergerecht und so hart, daß er zur Konzentration hilft?
7. Ist wirklich alles, was ich regelmäßig brauche, sitzend erreichbar?

Wenn Sie Ihren derzeitigen Arbeitsplatz anhand der Checkliste überprüft haben, versuchen Sie die Mängel zu beseitigen.

Strategie Nr. 17

Vernünftige Tageseinteilung

Die menschliche Leistung ist abhängig von der Tageszeit

Wir kennen Leistungskurven. Nicht zu jedem Zeitpunkt kann die gleiche Leistung erbracht werden. Die Leistungsfähigkeit erreicht ihren Höhepunkt normalerweise zwischen 9.00 Uhr und 11.00 Uhr, um dann in den Mittagsstunden abzufallen. Statistisch gesehen ist der absolute Tiefpunkt um 14.36 Uhr. Gegen 17.00 Uhr erreichen wir nochmals einen Höhepunkt. Zwischen 1.00 Uhr und 4.00 Uhr morgens haben wir wieder einen Tiefpunkt.

Sind Sie Frühaufsteher oder Nachtarbeiter?

Wenn man weiß, daß der Körper abwechslungsweise auf Aktivität und Erholung eingerichtet ist, kann man sich darauf einstellen. Es ist in diesem Zusammenhang wichtig, ob man ein Frühaufsteher oder ein Nachtarbeiter ist. Der amerikanische Wissenschaftler Sheldon spricht von den Somototonikern, die morgens frisch aus dem Bett springen, abends dagegen verhältnismäßig früh zur Ruhe gehen, und den Cerebrotonikern, die meistens mager sind und denen das Aufstehen schwerfällt. Vormittags leisten sie wenig, gegen Abend aber kommen sie immer mehr auf Touren.

Finden Sie heraus, ob Sie ein Frühaufsteher oder ein Nachtarbeiter sind, und stellen Sie sich darauf ein! Es ist wichtig, einige Stunden hintereinander arbeiten zu können, während die anderen noch oder schon schlafen. Entscheiden Sie, ob der Morgen oder der Abend die richtige Zeit für Sie ist.

Tätigkeiten richtig einplanen

Wenn Sie herausgefunden haben, welche Stunden des Vormittags und des Nachmittags bei Ihnen die produktivsten sind, sollten Sie die entsprechenden Tätigkeiten richtig einplanen. Wenn Sie sich z.B. gleich nach dem Mittagessen eine schwierige Schreibtischarbeit vornehmen, besteht die Gefahr, daß Sie einschlafen oder zumindest ziemlich unkonzentriert dabei sind. Statt dessen sollten Sie in der Zeit eine entspannende Tätigkeit einplanen wie z.B. jemandem etwas Geliehenes zurückbringen, mit jemandem etwas besprechen usw.

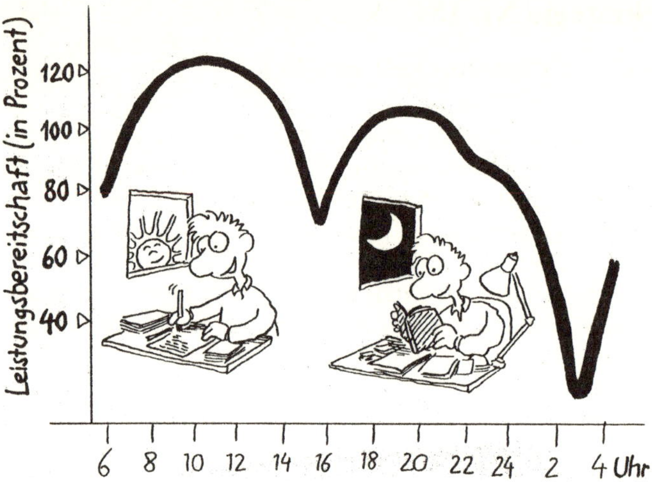

Tun Sie das Schwierigste in der Zeit, in der Sie es am besten ausführen können!

Um im richtigen Moment zu wissen, was als nächstes zu tun ist, brauchen Sie eine »To-do-List« (siehe Strategie Nr. 2.)

Gönnen Sie sich nach 1 1/2 Stunden eine Pause

Versuchen Sie, 1 1/2stündige Arbeitszeiten einzuführen. Der menschliche Körper ist so gebaut, daß er nach 1 1/2 Stunden Arbeit Abwechslung braucht. Machen Sie fünf Minuten Pause mit tiefen Atemzügen am offenen Fenster, möglicherweise einige gymnastische Übungen, und beginnen Sie mit einer anderen Arbeit. Nach der anderen erfolgten Arbeit kann die erste wieder aufgenommen werden. Für einen Stoff, der »auswendig« gelernt und beherrscht werden muß, sind 1 1/2 Stunden zu lang. Hier bewährt sich der 3/4-Stunden-Rhythmus.

Beachten Sie auch die Sonntage. Ob Rumänien oder China, es gibt eine Vielzahl von Versuchen, diesen gottgegebenen Rhythmus abzuändern. Alle Versuche sind kläglich gescheitert. Dies ist vor allem für den geistig Arbeitenden wichtig, da er dazu neigt, die Unterschiede zwischen Sonntag und Alltag aufzuheben. Der Sonntag als Pause ist ebenso wichtig wie die vielen kleinen Pausen.

Strategie Nr. 18

Gute Gewohnheiten einüben

Vielleicht sind Sie es gewöhnt, sich abends, wenn Sie müde sind, vor den Fernseher zu setzen. Statt ins Bett zu gehen und im Schlaf neue Energie zu tanken, sehen Sie sich zwei Stunden einen Film an und sind am nächsten Morgen unkonzentriert und müde.

Unsere Gewohnheiten haben einen großen Einfluß auf unsere Zeit und unsere Leistungsfähigkeit. Lernen Sie Ihre Gewohnheiten kennen. Werden Sie sich klar, welche Gewohnheiten Ihnen nutzen, welche Ihnen schaden und welche Ihnen fehlen, um Ihre Ziele zu erreichen.

Gewohnheiten sind hilfreich

Was zur Gewohnheit geworden ist, erfordert keine Willensentscheidung mehr und läuft automatisch ab. In diesem Buch ist von vielen guten Gewohnheiten die Rede. Suchen Sie diejenigen heraus, die Sie brauchen, und fangen Sie an, sie zu praktizieren. Am Anfang ist zwar eine enorme Willensanstrengung notwendig, die sich aber später vielfältig bezahlt macht. Wenn Sie den Kampf gegen die Zeitverschwendung aufnehmen, dann heißt das, daß Sie den Kampf gegen einige eingefahrene Angewohnheiten aufnehmen müssen. Wenn Sie dieses Buch gelesen haben, hat sich noch nicht viel geändert. Denken Sie immer daran:

Gesagt ist noch nicht gehört.
Gehört ist noch nicht verstanden.
Verstanden ist noch nicht einverstanden.
Einverstanden ist noch lange nicht angewendet.
Einmal angewendet ist noch lange nicht »Gewohnheit«.

Gewohnheiten entwickeln sich nicht über Nacht

Zwischen Verstehen und zur Gewohnheit Gewordenem liegt ein weiter Weg. Nehmen Sie sich ein oder zwei Dinge vor und führen Sie diese konsequent durch. Wer sich zu vieles gleichzeitig vornimmt, dem wird nichts gelingen.

Drei Schlüssel zum Erwerb neuer Gewohnheiten

1. Beginnen Sie mit der neuen Gepflogenheit so intensiv wie möglich.

2. Lassen Sie nie eine Ausnahme zu, ehe die neue Gewohnheit nicht festen Fuß gefaßt hat.
3. Ergreifen Sie die sich zuerst bietende Möglichkeit, Ihren Vorsatz durchzuführen.

Überlegen Sie sich, ob Sie nicht anfangen wollen, Gewohnheiten zu entwickeln, um dann von der Macht der Gewohnheit zu profitieren. Wenn es nicht auf Anhieb klappt, machen Sie sich selbst keine Vorwürfe. Lassen Sie nicht locker. Ihr Verbündeter ist die Zeit.

Wie kann man schlechte Gewohnheiten ablegen?

Gewohnheiten verändern

Das soll uns ein Bild verdeutlichen: Wenn es regnet, muß das Wasser irgendwie ablaufen. Wie läuft es ab? Nun, die Rinnsale bewegen sich in kleinen Furchen nach unten. Doch jeder weitere Regen gräbt tiefere Furchen. So ist es auch mit den Gedanken. Je öfter wir an eine bestimmte Sache denken, desto stärker prägt sie sich uns ein.

Wie können diese Furchen eingeebnet werden? Dort, wo die Furche beginnt, muß ein Damm gebaut werden, damit das Wasser am Fließen gehindert wird. Bauen Sie einen Damm, um falsche und negative Gedanken abzuwehren.

Das Wasser in neue Kanäle leiten

Einen Damm zu bauen ist jedoch nicht alles. Das Wasser muß in eine neue Richtung gelenkt werden. Wir sollen negative Gedanken nicht verdrängen, sondern sie in positive Gedanken verwandeln. Dann werden mit der Zeit alte Furchen verschwinden.

Strategie Nr. 19

Setzen Sie sich unter Druck

»Fremdbefehle« sind notwendig

Sicher haben Sie jetzt Angst bekommen, in die Streß-Mühle zu geraten. Aber diese Angst ist halb so schlimm. Machen Sie sich nur einmal klar, wie vielen »Fremdbefehlen« Sie am Tage unbewußt und gerne gehorchen. Das pünktliche Erscheinen am Arbeitsplatz (Schule, ...) löst einen solchen »Fremdbefehl« aus. Wenn der Omnibus um 7.00 Uhr von der Haltestelle abfährt, sind Sie zur Stelle (ein weiterer »Fremdbefehl«).

Üben Sie den »Fremdbefehl«

Wir alle kennen aber auch Arbeiten, die keine Freude bereiten und deshalb auf die lange Bank geschoben werden. Warum machen wir uns hier den »Fremdbefehl« nicht zunutze? So funktioniert z.B. die Technik des »Selbstbefehls«: Heute nach der Arbeit um 17.00 Uhr wird mit der Durchführung einer schon lange hinausgeschobenen Aufgabe begonnen. Es ist erforderlich, den Termin pünktlich, sogar auf die Minute einzuhalten. Die Gedanken müssen sich jetzt in dieser Marschrichtung formieren. Sie werden sehen, daß Sie gute Voraussetzungen zur Erledigung dieser Aufgabe geschaffen haben.

Arbeiten terminieren

Wichtig: Setzen Sie sich einen Endtermin für diese Arbeit. Ein Amerikaner namens Parkinson hat herausgefunden, daß die meisten Arbeiten unendlich dehnbar sind. Anders ausgedrückt heißt das: Jede Tätigkeit zieht sich eben so lange hin, wie Zeit vorhanden ist. Um diese vorhandene Zeit einzugrenzen, ist es notwendig, sich einen Zeitpunkt für die Fertigstellung einer bestimmten Arbeit zu setzen. Auf diesen Zeitpunkt arbeiten Sie hin.

Angenommen, die lang hinausgeschobene Arbeit, die Sie sich für heute 17.00 Uhr vorgenommen haben, ist ein Brief an einen Freund. Aus Ihrer Erfahrung wissen Sie, daß Sie zum Schreiben eines Briefes ca. 30 Minuten benötigen. Um 17.00 Uhr haben Sie also mit dem Ziel angefangen, daß Sie um 17.30 Uhr fertig sein würden. Aber als es 17.15 Uhr schlug, hatten Sie außer der Adresse noch nichts geschrieben. Der immer näher rückende Termin zwingt Sie nun zur notwendigen Konzentration und hilft Ihnen, etwas hinzuschreiben, was dann auch endgültig ist.

Überschätzen Sie sich nicht

Der Ehrlichkeit halber muß erwähnt werden, daß die meisten Arbeiten etwa 1 1/2mal so lange dauern, als sie ursprünglich geplant waren. Besonders bei Telefongesprächen verschätzt man sich leicht. Bis die abgesprochenen Dinge an der entsprechenden Stelle vermerkt sind, muß man normalerweise 15 Minuten veranschlagen.

Setzen Sie sich unter Druck.

Machen Sie Ihre Arbeit zum Sport.

Stellen Sie einen Rekord hinsichtlich Ihrer geistigen Leistungen auf.

Wie viele Vokabeln können Sie in einer halben Stunde lernen?

Wie viele Postkarten können Sie in einer Stunde schreiben?

Lassen Sie keine Ausrede gelten.

Belohnen Sie sich selber. Das erhöht die Motivation und die Konzentration.

Strategie Nr. 20

Entscheidungen treffen

Träumen bringt keinen Arbeitsfortschritt

Es ist kein ungewöhnliches Bild, einen Schüler zu sehen, der über seinen Hausaufgaben brütet. Bei genauerem Hinsehen bemerkt man, daß er nur seine Gedanken auf Reisen schickt und irgendwelchen Dingen nachträumt.

Von den Beamten heißt es: »Wer viel arbeitet, macht viele Fehler. Wer wenig arbeitet, macht wenig Fehler. Wer nichts arbeitet, macht keine Fehler und wird deshalb befördert.« (Sicher haben die Beamten ähnliche Sprüche über ihre Kollegen in der Industrie.)

Es ist wichtig, Fehler zu machen

Konsequentes und zielstrebiges Arbeiten erfordert ständige Entscheidungen. Da Sie nicht ohne weiteres befördert werden, sollte Sie dieses Kapitel ermutigen, viel zu arbeiten und damit auch viele Fehler zu riskieren. Es ist aber notwendig, nicht nur konzentriert zu arbeiten, sondern auch die Bereitschaft für falsche Entscheidungen zu haben.

In der Praxis ist es oft so, daß man eine Entscheidung vor sich herschiebt, weil man meint, daß noch nicht alle Informationen vorlägen. Doch zeigt die Erfahrung, daß durch Warten die Entscheidungen nicht einfacher werden.

Wenn Sie absehen können, daß eine vorschnelle Entscheidung keine fatalen Folgen haben wird, machen Sie es sich zur Regel, daß Sie Entscheidungen treffen, auch wenn noch nicht alles geklärt ist. Die Angelegenheit läuft dann weiter, und Sie haben viel Zeit gewonnen. Stellt sich die Entscheidung später als falsch heraus, kann sie meistens ohne großen Aufwand wieder korrigiert werden.

Beliebte Fluchtziele

Wenn man vor eine schwierige Entscheidung gestellt wird, möchte man gerne »flüchten«. Die fünf beliebtesten »Fluchtziele« sind:

- sich etwas gönnen,
- Kontakte pflegen mit VUP's (very unimportant persons)
- Unwichtiges lesen,
- Weglaufen oder Aufschieben,
- Gedanken auf Reisen schicken.

Schreiben Sie in die nächsten Zeilen Ihre beliebtesten »Fluchtziele«:

Finden Sie Ihre »Fluchtziele« heraus

Strategie Nr. 21

»Zwei Fliegen mit einer Klappe schlagen« und weitere Zeitspartricks

Zwei Fliegen mit einer Klappe schlagen

Warum Zeitspartricks? Nun, das Sprichwort »Zeit ist Geld« sagt nicht einmal die halbe Wahrheit, denn Zeit ist unvergleichlich kostbarer als Geld. Ausgegebenes oder verlorenes Geld kann man wieder verdienen oder zurückgewinnen. Vertane Zeit aber ist ein für allemal verloren. Im folgenden nun einige Hilfen, die Zeit besser zu nutzen:

Zeitspartrick Nr. 1

So wie der Mensch angelegt ist, kann er durchaus verschiedene Sachen zur selben Zeit erledigen. Es gibt eine Menge mechanischer Arbeiten wie Briefe falzen, Dias einrahmen usw., die den Kopf kaum beanspruchen. Wie wäre es, wenn Sie nebenher eine Tonbandkassette (von verschiedenen Verlagen gibt es mittlerweile die Bibel auf Kassetten) anhören würden? Z. B. zum Bibelstudium und zum

Sprachenstudium oder gute Vorträge zu verschiedenen Themen. Denken Sie sich weitere Dinge aus, die in dieser Situation anwendbar sind. Vielleicht können Sie auch Bahnfahrten zum Lernen nutzen. Diese Art der »doppelgleisigen« Arbeit sollten Sie jedoch nur bei Tätigkeiten anwenden, die Ihnen bereits zur Routine geworden sind und keine große Konzentrationsleistung erfordern, sonst passiert es, daß Sie schließlich beide Arbeiten nur halbherzig und uneffektiv erledigen.

Zeitspartrick Nr. 2

Lakeins Frage

Sie kennen doch Lakeins Frage: »Wie nutze ich in diesem Augenblick meine Zeit am besten?« Machen Sie es sich zur Gewohnheit, diese Frage täglich mehrmals zu beantworten. So entlarven Sie Wartezeiten und können diese entsprechend füllen. Und wenn Sie sonst nichts zu tun haben, dann nehmen Sie ganz einfach Ihre To-do-List und legen fest, welcher Aufgabe Sie sich als nächster widmen möchten.

Zeitspartrick Nr. 3

Planen Sie die Zeit nach dem Mittagessen

Den Schülern stellt sich vor allem das Problem, wie sie die Zeit nach dem Mittagessen richtig »auskaufen« sollen. (Sie wissen ja, daß 14.36 Uhr Ihr absoluter Tiefpunkt ist.) Es besteht dann die Gefahr, daß man plan- und ziellos in irgendwelchen Illustrierten oder Zeitungen herumblättert. Machen Sie sich deshalb einen festen Zeitplan für die Zeit nach dem Mittagessen. Und wenn Sie nach dem Essen ein Nickerchen brauchen oder Sie sich einfach nur entspannen möchten, dann planen Sie es ein.

Zeitspartrick Nr. 4

Stehen Sie nicht still, gehen Sie weiter

Auch wer viel an einem Tag zu erledigen hat, muß sich hier und da mit weniger wichtigen Dingen befassen. Halten Sie sich jedoch nicht zu lange mit ihnen auf. Ein ehemaliger US-Präsident sagte, nachdem er auf seinen Arbeitsstil angesprochen worden war: »Das ganze Geheimnis besteht darin, keinen Augenblick an einer Stelle zu bleiben. So kommt man schließlich an sein Ziel, ohne die Leute vor den Kopf zu stoßen.«

Zeitspartrick Nr. 5

Stille Zeit ist keine vergeudete Zeit

Stören Sie sich nicht daran, daß die Stille Zeit hier ein Zeitspartrick genannt wird. Martin Luther, der auf seine viele Arbeit angesprochen wurde, machte diese paradox klingende Aussage: »Wenn ein Tag auf mich zukommt, an dem ich ganz besonders viel Arbeit vor mir habe, dann nehme ich mir doppelt so viel Zeit zum Gebet.«

Für Christen ist eine tägliche Zeit der Stille, des Gebetes und des Bibellesens etwas Selbstverständliches.

Wußten Sie, daß ein Jahr 8760 Stunden hat? Ein Riesenkapital! Was werden Sie damit anfangen? Wenn Sie hundert Stunden davon für die Stille reservieren würden, ergäbe das täglich 1/4 Stunde Stille! – Sie werden diese Investition nicht bereuen.

Bleibt nur noch der Rat:

Üben Sie diese Zeitspartricks so lange, bis sich bei Ihnen Gewohnheiten entwickeln. Lesen Sie dieses Buch aufmerksam, dann werden Sie noch eine Menge weiterer Zeitspartricks finden.

Strategie Nr. 22

Wie überwindet man Müdigkeit und Lustlosigkeit?

Aufgeben ist falsch

Ein Wettläufer sieht das Ziel fast immer greifbar nahe vor sich. In der Arbeits- und Schulpraxis ist das aber meistens nicht der Fall. Deshalb möchte man gern vor dem Ziel aufgeben – und das ist falsch. Viele haben unmittelbar vor dem Erfolg aufgegeben. Andere gruben tiefer und erreichten das Ziel.

Überwinden Sie die Müdigkeitsschwelle

Sehr oft hören wir mit einer Sache auf, sobald wir Müdigkeit verspüren. »Mir reicht es.« Genug gelernt, genug gelesen. Doch dann geschieht oft das Überraschende: Weil uns ein bestimmter Termin zur Beendigung der Arbeit vorgegeben ist, der uns weitertreibt, wächst die Müdigkeit bis zu einem bestimmten Punkt und vergeht dann allmählich wieder. Wir sind auf einen neuen Vorrat an Arbeitslust gestoßen. Oft kommen wir an diese Energiereserven gar nicht heran, da wir nicht versuchen, über diese Müdigkeitsschwelle hinwegzukommen.

In jedem Menschen schlummern Energiereserven, die bisher nicht geweckt worden sind. Bei den meisten von uns brennt das Feuer auf kleiner Flamme. Haben Sie keine Angst, daß Sie Ihre Kräfte vorzeitig verbrauchen könnten. Es steht fest, daß viele Menschen bei extremem Energieeinsatz ihr Tempo halten, ohne dabei Schaden zu nehmen. Also: mehr Aktivität ruiniert den Menschen nicht. Der Organismus paßt sich an.

Wechseln Sie ab und zu die Beschäftigung

Um eine solche Müdigkeitsbarriere zu durchbrechen, sollte man eine Zeitlang eine andere Beschäftigung ausführen, möglicherweise sogar in einem anderen Zimmer. Wie wäre es, wenn Sie zehn Minuten lang aufräumten, um dann gezielt wieder die vorherige Tätigkeit fortzusetzen? Natürlich kann man an einen Punkt kommen, an dem die Müdigkeit so groß wird, so daß man zu keiner Leistung mehr fähig ist und besser aufgibt.

Man kann sich darin »üben«, in die richtige Arbeitsstimmung zu kommen. Man kann sich für seine Arbeit begeistern. Sie können z.B. stöhnen, daß Sie von einem 500 Seiten umfassenden Buch erst 50 Seiten durchgearbeitet haben, oder Sie sagen: »Fein, 50 Seiten sind geschafft. Die restlichen 450 bringe ich auch noch hinter mich.« Schleppen Sie sich also nicht mit Gewalt vorwärts, sondern genießen Sie die lange Wanderung. Lassen Sie sich einfach in die Höhe tragen. Eine Unterhaltung mit einer schöpferischen und lebensfrohen Person, ein packendes Buch, das Planen einer Ferienreise, das Gespräch mit Gott wird Ihnen helfen.

Denken Sie positiv!

Erfolg stimmt freudig. Freude erzeugt Arbeitslust. Verschaffen Sie sich also Erfolgserlebnisse auf dem Gebiet, in dem Sie vorankommen wollen, damit Sie wieder neu motiviert werden.

Erzeugen Sie Arbeitslust!

Die Arbeit in der Gruppe kann sehr anspornend sein. Darüber haben wir bereits in Strategie Nr. 10 gesprochen.

Vorbilder sind eine Hilfe

Ein weiterer Ansporn ist das Lesen von Lebensbildern bedeutender Persönlichkeiten. In der Regel sind das Leute, die nach dem Motto gelebt haben: »Lieber sterben als aufgeben!« Sie sind damals nicht gestorben. Ihr Vorbild kann uns Hilfe sein.

Kurz zusammengefaßt:

1. Viele Menschen erreichen ihr Ziel nicht, weil sie unmittelbar davor aufgeben. Durchbrechen der Müdigkeitsschwelle setzt neue Energien frei.

2. Indem Sie eine andere Arbeit beginnen, fällt es Ihnen leichter, die Müdigkeitsschwelle zu überwinden.

3. Sie können sich darin üben, in die richtige Arbeitsstimmung zu kommen und sich für die Arbeit zu begeistern.

4. Setzen Sie sich ein Ziel!

5. Arbeitsfreude und Arbeitsbegeisterung lassen sich in der Gruppe steigern.

6. Lebensbilder berühmter Persönlichkeiten können sehr motivieren.

7. Nehmen Sie das Wichtigste zuerst in Angriff.

Strategie Nr. 23

Klare Ziele haben

Was streben Sie an? Der Kommunist arbeitet auf die klassenlose Gesellschaft hin; ein Industrieller will in fünf Jahren den Hauptanteil am europäischen Zahnbürstenmarkt erreichen; Paulus lebte auf den Tag der Wiederkunft Jesu hin. Und Sie?

> »Wenn ich nicht weiß, in welchen Hafen ich segeln will, dann ist kein Wind für mich der richtige.«

Klare Ziele schaffen mehr Energie

Wissen Sie, in welchen Hafen Sie segeln wollen? Dann wissen Sie auch, wozu Sie lernen und geistig arbeiten; warum Sie bewußter leben als andere; warum Sie über mehr Energie verfügen als andere. Wenn Sie diese Energie nicht besitzen und Ihre Leistungen nicht der eingesetzten Energie entsprechen, so daß Sie an »Aussteigen« denken, dann liegt das an unklaren Zielen, die Ihre Antriebskräfte binden. In der Psychologie weiß man, daß es entscheidend darauf ankommt, ob der Mensch ein Ziel hat. Hat er keines, wachsen ihm alle Probleme über den Kopf, die sich gegenwärtig vor ihm auftürmen.

Leider drehen wir uns oft im Kreise, anstatt mit großen Schritten auf ein Ziel zuzugehen.

Ziele und Absichten sind nicht dasselbe

In diesem Buch ist viel von Methoden die Rede. Wenn Methoden jedoch sinnvoll sein sollen, müssen die Ziele vorher klar sein. Albert Einstein hat recht, wenn er sagt: »Wir haben immer perfektere Methoden, aber immer verworrenere Ziele!«

Handelt es sich bei folgenden Angaben um Ziele?

1. Ich möchte zum Mond fliegen.
2. Ich möchte ein guter Schüler sein.

Wir sollten diese Aussagen noch nicht *Ziel* nennen. Hier handelt es sich nur um eine *Absicht.*

Ein wirkliches Ziel ist realistisch und meßbar

Anstatt zu sagen, ich möchte ein guter Schüler sein, wäre es doch auch möglich, sich vorzunehmen, im nächsten Zeugnis eine Durchschnittsnote von 2,0 zu bekommen. Wenn die Fragen wann?, wie? und wo? beantwortet werden, ist das Ziel bereits gekennzeichnet. Das andere Kennzeichen eines Zieles zeigt sich darin, daß es realistisch und erreichbar ist. Insofern ist die erste Aussage »Ich möchte zum Mond fliegen« kein Ziel. Oder können Sie das tun?

Überprüfen Sie, ob Ihre Ziele tatsächlich Ziele sind:

1. Realistisch? Glauben Sie, Sie können es tun?
2. Ist es meßbar? Wann? Wie? Wo?

Wenn Sie Ihre Ziele festlegen, achten Sie darauf, Ihre Möglichkeiten hinsichtlich des Zeitaufwandes und ihrer Verwirklichung nicht zu überschätzen. Man übernimmt sich sehr leicht in seinen Vorstellungen, was man in einem Jahr alles tun kann.

Andererseits unterschätzt man in der Regel, was man in fünf Jahren alles tun könnte. Also stecken Sie sich langfristige Ziele.

Eigene Ziele herausfinden

Nehmen Sie sich jetzt 15 Minuten Zeit, um an folgenden drei Fragen zu arbeiten:

Ziele

Langfristige Ziele

1. (Zwei Minuten Zeit) Schreiben Sie so viele Ziele auf, wie Ihnen einfallen und welche Sie eventuell verwirklichen möchten (z.B. den Mount Everest besteigen, ein Buch schreiben usw.).

Mittelfristige Ziele

2. (Sechs Minuten Zeit) Wie würde ich gerne die nächsten 3-5 Jahre zubringen? Schreiben Sie in Stichworten mindestens drei Ziele als Antwort auf (z. B. einen bestimmten Beruf verwirklichen, Dienst am Mitmenschen usw.).

Tägliche oder kurzfristige Ziele

3. (Sieben Minuten Zeit) Wenn ich wüßte, daß ich in sechs Monaten vom Blitz erschlagen werden würde, wie würde ich dann mein Leben gestalten?

Persönliche Lebensziele jetzt in die Tabelle übertragen

Stop! Lesen Sie bitte hier nicht weiter, wenn Sie die empfohlenen 15 Minuten nicht in die drei vorhergehenden Fragen investiert haben.

Sie haben jetzt einen ganz entscheidenden Schritt getan, nämlich darüber nachgedacht, was in Ihrem Leben Vorrang hat. Jetzt teilen Sie das Geschriebene auf in

- tägliche Ziele (Tag, Woche),
- mittelfristige Ziele (3-5 Jahre),
- langfristige Ziele (5 Jahre).

Die folgende Tabelle hat Modellcharakter und enthält den nächsten und letzten Schritt: Tragen Sie in die leere Tabelle Ihre persönlichen Daten ein.

Diese von Ihnen ausgefüllte Tabelle soll zum weiteren sinnvollen Planen anleiten.

Arbeiten Sie sorgfältig, denn das ist die Voraussetzung für das nächste Kapitel und für Ihren Erfolg als geistiger Arbeiter.

	Tägliche Ziele	*Kurzfristige Ziele*	*Langfristige Ziele (5 Jahre)*
1. Schule bzw. Beruf	Regelmäßig die Hausaufgaben erledigen.	Zusätzliche Literatur lesen. Einen Kurs im Schnellesen und im Schreibmaschinenschreiben belegen.	Besuch einer Abendschule oder eines Ferienkurses in einem für mich interessanten Gebiet.
2. Jugendarbeit bzw. Gemeindearbeit	Tägliches Gebet für meine Jungscharkinder. Einmal wöchentlich vorbereiten.	Nächstes Jahr: Teilung der Gruppe. H. nimmt die Jüngeren, ich die Älteren.	Aufbau eines Kreises für Jungscharleiter.
3. Geistlich	Jeden Tag ein Kapitel der Bibel lesen.	Ein christliches Buch im Monat lesen.	Zwei Bibelarbeiten im Jahr vorbereiten.
4. Finanziell	Eine Grenze setzen für den täglich auszugebenden Geldbetrag: Brauche ich Coca-Cola wirklich?	DM 20,-- pro Woche ersparen, um das Studium zu finanzieren. Monatlich den Zehnten geben.	Nach einer Ferienarbeit Ausschau halten, um eine bestimmte Sache anzuschaffen.
5. Persönlichkeit, soziale Kontakte, Freizeit	Mir jeden Tag eine bestimmte Zeit gönnen, um auszuruhen und mir für mindestens einen Menschen wirklich Zeit nehmen.	Jeden Monat auf einem Gebiet arbeiten, das mich betrifft, z. B. Persönlichkeitsentwicklung. Eine Beziehung zu einem Menschen vertiefen.	Ich möchte bis zum Abitur ein »ganzheitlicher Mensch« werden. Ich möchte einige sehr gute Freunde oder Freundinnen haben, auf die ich mich verlassen kann.
6. Fitneß	Eine halbe Stunde täglich Waldlauf oder Radfahren.	Durch Übungen und angemessene Diät 1 kg pro Monat abnehmen (bei Übergewicht)	Am Ende des Jahres Idealgewicht erreichen. Idealgewicht halten.
7. Ferien bzw. Urlaub			Wanderung. Sprachschule.

Tragen Sie in diese Tabelle Ihre ganz persönlichen Daten ein!

	Tägliche Ziele	*Kurzfristige Ziele*	*Langfristige Ziele (5 Jahre)*
1. Schule bzw. Beruf			
2. Jugendarbeit bzw. Gemeinde-arbeit			
3. Geistlich			
4. Finanziell			
5. Persönlichkeit, soziale Kontakte, Freizeit			
6. Fitneß			
7. Ferien bzw. Urlaub			

Zum Schluß: Plädoyer fürs Träumen

Träumen ist notwendig

Jede zielbewußte Tat geht mit von der Phantasie aus. Richtig angewandte Phantasie ist schöpferisch. Alle Dinge rings um uns her vom einfachsten Werkzeug bis zur Rakete, also auch alle großen Leistungen, entstammen zunächst der menschlichen Phantasie.

Große Dinge werden durch Träumen geboren

Dieses Kapitel möchte Ihnen Mut machen, sich ab und zu zurückzulehnen und über Ihre Ziele nachzudenken, ja regelrecht zu träumen. Was wäre die Welt ohne die Träume der Männer und Frauen, die in glühenden Visionen Zukünftiges geschaut und kühne Schritte zu dessen Verwirklichung unternommen haben? Man denke an die von einer großen Sehnsucht erfüllte Vorstellungskraft des Pioniermissionars Ludwig Nommensen, der bei seinem ersten Besuch in Indonesien sagte:

»Im Geiste sehe ich schon überall christliche Gemeinden,

Traum des Ludwig Nommensen

Schulen und Kirchen. Ich sehe Gärten und Felder auf jetzt kahlen Höhen ... Noch mehr, ich schaue sumatranische Prediger und Lehrer auf allen Kanzeln und Kathedern ... Sie werden behaupten, ich fantasiere. Ich sage: nein, nein, das stimmt auf keinen Fall. Mein Glaube schaut das alles, denn es muß, es wird so kommen: denn alle Reiche müssen Gottes und seines Christus werden ...« (Rudolf Bohren, Predigtlehre München 1971, S. 491).

Man denke an Martin Luther Kings Traum von der Aufhebung der Rassenschranken:

Traum des Martin Luther-King

»Ich habe einen Traum, daß eines Tages ... die Söhne der ehemaligen Sklaven und die Söhne der ehemaligen Sklavenhalter in der Lage sein werden, sich zusammen an den Tisch der Brüderlichkeit zu setzen ... Ich habe einen Traum, daß meine vier kleinen Kinder eines Tages in einer Nation leben werden, wo man sie nicht nach ihrer Hautfarbe, sondern nach ihrem Charakter beurteilen wird« (Coretta Scott King, Mein Leben mit Martin Luther King, Stuttgart 1970, S. 192).

Träumen Sie! Seien Sie kreativ!

»Jede schöpferische Leidenschaft in unserem Leben lebt von der Fähigkeit, träumen zu können« (Helmut Thielicke, Brauchen wir Leitbilder? Hamburg 1961, S. 39).

L.J. Kardinal Suenens sagt:

Träume können verwirklicht werden

»Glücklich sind die, die träumen und bereit sind, den Preis zu bezahlen, um ihre Träume zu verwirklichen.«

Nach diesem Ausflug ins Träumen sollten Sie vielleicht Ihre Ziele noch einmal neu überprüfen.

Wie diese Träume dann verwirklicht werden, erfahren Sie auf den nächsten Seiten.

Strategie Nr. 24

Kein wildes Drauflosarbeiten – Planen!

Erst Ziele setzen, dann Planen

Zitat: Nicht wie der Wind weht, sondern wie man die Segel setzt, darauf kommt es an.

Herzlichen Glückwunsch! Sie haben jetzt Ihre Ziele beieinander; sicher nicht vollständig, aber die Richtung sollte klar sein. Jetzt setzt das Planen ein. Jedes richtige Planen beginnt mit Gebet. Nehmen Sie Gottes Weisheit für Ihren Plan in Anspruch. Vertrauen Sie ihm an, was Sie planen wollen.

Alles Planen beginnt mit Gebet

»Befiehl dem Herrn deine Werke, so werden deine Pläne gelingen« (Sprüche 16,3).

Planen Sie so oft, wie es Ihre Zeit erlaubt. Wenn Sie glauben, daß das Zeitverschwendung sei und ein Ziel allein schon genügen würde, dann müssen Sie aufpassen, daß es Ihnen nicht so ergeht wie jenem Bauern in der folgenden alten Geschichte:

Die Geschichte vom planlosen Bauern

Ein Bauer sagte zu seiner Frau, daß er ein bestimmtes Feld pflügen wolle. Das war sein Tagesziel. Er fing also rechtzeitig damit an, den Traktor zu schmieren. Weil das Öl aber nicht reichte, ging er zum Kaufmann, um welches zu besorgen. Unterwegs fiel ihm ein, daß die Schweine nicht gefüttert waren. Er ging darauf zum Maisspeicher, wo er ein paar Säcke fand. Das erinnerte ihn daran, daß die Kartoffeln zu keimen anfingen. Er machte sich also auf den Weg zur Kartoffelmiete. Als er am Holzstoß vorbeikam, erinnerte er sich, daß seine Frau Holz haben wollte. Als er ein paar Scheite aufsammelte, kam ein krankes Huhn vorbei. Er ließ das Holz wieder fallen und ergriff das Huhn. Als es Abend war, stand der Traktor immer noch im Hof. – So vergeht die Zeit.

Errechnen Sie Ihr Zeitkapital

Entweder planen Sie und gestalten Ihre Zeit oder Sie werden gestaltet und verplant. Und es gibt eine Menge Zeit zu verplanen. Rechnen Sie Ihr persönliches Zeitkapital aus: Nehmen Sie ein Blatt Papier und schreiben Sie darauf die Zahl 65. (Das dürfte Ihr voraussichtliches Pensionsalter sein.) Ziehen Sie von dieser Zahl Ihr derzeitiges Lebensalter ab. (Wenn Sie 20 Jahre sind, 63-20 = 43.) Multiplizieren Sie diese Zahl mit 1920. Das sollte eine fünfstellige Zahl ergeben, die Sie bitte auf ein großes Blatt Papier schreiben und gut sichtbar am Arbeitsplatz anbringen. Denn das ist Ihr persönliches Zeitkapital in Stunden, das Sie verplanen können. (Die Zahl 1920 ergibt sich aus 20 Tagen pro Monat, 1 Tag = 8 Stunden, 12 Monate im Jahr.)

Vielleicht glauben Sie, daß Sie, anstatt erst lange herumzuplanen, gleich an die Ausführung der Arbeiten gehen sollen. Möglicherweise sei das sogar die zeitsparendste Art, Aufgaben zu bewältigen. Tatsache ist aber: Jeder Augenblick, der für die Planung verwandt wird, spart drei oder vier Minuten bei der Ausführung ein.

Nicht alles darf verplant werden

Vergessen Sie nicht, Ihren eigenen Arbeitstag zu planen. Lernen Sie, den Umfang Ihrer täglich zu erledigenden Arbeit abzuschätzen. Wenn sie jetzt Ihren »Lern-Nachmittag« planen, denken Sie daran, daß Sie Zeit für Unvorhergesehenes einplanen müssen. Lernen Sie abzuschätzen, wieviel Prozent Sie selbst planen können und welchen Teil

Ihrer Zeit Sie für andere und für Unvorhergesehenes einplanen müssen.

Planen Sie schriftlich

Eine Regel Ihrer Planungsarbeit sollte sein, daß Sie schriftlich planen. Was nur in Gedanken geplant wird, wird leicht durch die nächsten Gedanken umgeworfen.

Wenn es nun nicht so geworden ist, wie Sie geplant haben, werden Sie nicht mutlos. Sagen Sie nicht, daß das Planen umsonst gewesen sei. Es beschwerte sich einmal ein Reisender auf dem Bahnhof bei dem zuständigen Schaffner, was denn der ganze Fahrplan für einen Sinn habe, wenn der Zug, den er erwarte, nun eine halbe Stunde Verspätung habe. Der Schaffner antwortete: »Gäbe es keinen Fahrplan, dann wüßten Sie ja gar nicht, daß der Zug Verspätung hat.« Mit anderen Worten: Ihr Plan wird nicht exakt verwirklicht, was aber nicht tragisch ist. Sie wissen nämlich durch Ihre Planung, wo und wie groß die Abweichung war, die Sie nun korrigieren können.

Bringen Sie einmal jährlich Ihre Planung auf den neuesten Stand

Auf der folgenden Seite finden Sie einen »5-Jahres-Plan«. Im Kapitel Klare Ziele (Strategie Nr. 23) haben Sie Ihre Ziele erarbeitet. Im nächsten Formular sollten Sie nun in der ersten Spalte Ihre langfristigen Ziele eintragen. Der Rest kann dann ergänzt werden. Nehmen Sie sich einmal im Jahr die Zeit, diese Planung zu überarbeiten und auf den neusten Stand zu bringen. Der Geburtstag bietet dazu eine gute Gelegenheit. Vielleicht benötigen Sie auch eine ganze Planungswoche. Erscheint Ihnen eine fünfjährige Planung zu lang, denken Sie daran, daß man sehr leicht *überschätzt*, was in einem Jahr möglich ist, aber regelmäßig *unterschätzt*, was in fünf Jahren geschehen kann.

*5-Jahres-Plan (langfristige Planung)**

Plan für .... (Name)	19 ...	19 ...	19 ...	19 ...	19 ...
1. Beruf, geistige Ziele:					
2. geistliche und persönliche Ziele:					
3. finanzielle Ziele:					
4. Persönlichkeit, soziale Kontakte, Freizeit-Ziele:					
5. Fitneß-Ziele:					
6. Ferien- bzw. Urlaubs-Ziele:					

* Im Kapitel »Strategie 23: Klare Ziele haben« wurden tägliche, kurzfristige und langfristige Ziele erstellt. Tragen Sie hier die lang-

Strategie Nr. 25

Bewußt entspannen durch Nichtstun

»Auftanken« ist notwendig

Es geht hier nicht ums Nichtstun, wenn man sich vor einer schwierigen Arbeit oder Entscheidung drücken will, sondern um das *bewußte* Nichtstun. Streß ist nicht tragisch, wenn es Erholungsphasen gibt, in denen man ihn abbauen kann. Getrieben werden ist nicht schlimm, wenn ein ruhender Pol vorhanden ist. So selbstverständlich wie das Atmen sollte uns das Ausruhen sein.

Überraschenderweise ist das recht schwierig zu lernen. Wer jedoch dieses Ruhen richtig anwendet, kann Verkrampfungen und Kopfweh verlieren, wenn er sich für einige Minuten auf einen bequemen Stuhl setzt.

Am besten dient dazu ein ruhiger Raum. Um sich auszuruhen, ist es nötig, an Entspannung zu denken. Setzen Sie sich aufrecht hin und schließen Sie die Augen. (Versuchen Sie es nicht liegend, sonst könnten Sie einschlafen.)

Versuchen Sie, alle Muskeln von den Füßen bis zum Gesicht zu entspannen.

Atmen Sie tief und gleichmäßig: tief einatmen, langsam ausatmen.

In einigen Minuten können Sie viel erreichen. Üben Sie ca. zehn Minuten; in dieser Zeit können Sie ruhig nach der

Einige Minuten genügen

Uhr sehen. Einen Wecker sollte man nicht benutzen. Während der ganzen Übung nehmen Sie eine gleichgültige Haltung ein und machen sich keine Sorgen um den Grad der Entspannung.

Als Schüler können Sie sich zwischen den Unterrichtsstunden entspannen. Sie werden merken, daß Sie anschließend aufmerksamer sind.

Es genügen ein- bis zweimal täglich zehn Minuten. Dann ist der Wirkungsgrad am größten. Eine sehr viel längere Zeit pro Tag bringt keinen zusätzlichen Vorteil. Denken Sie auch daran: der menschliche Organismus ist nicht für den Ruhestand geschaffen, sondern für körperliche Arbeit! Wenn Sie bisher nicht Sport treiben (Strategie Nr. 28), sollten Sie dies versuchen. Oft entspannt sich so der Körper viel schneller.

Trimmen ist oft besser als Schlafen

Strategie Nr. 26

Methodisch den Fernsehkonsum drosseln

Der Durchschnittsbürger sieht 125 Minuten täglich fern

Es gibt viele ernstzunehmende Leute, die ihre Fernseher wieder abgeschafft haben und diesen Schritt auch begründen können. Es soll nun kein Plädoyer für die Abschaffung des Fernsehgerätes erfolgen, aber es möchte Ihre Fernsehgewohnheiten verändern, sprich: sinnvoll einschränken. 125 Minuten tägliches Fernsehen, wie es der deutsche Bundesbürger im Durchschnitt tut, ist bestimmt nicht sinnvoll, schon gar nicht für jemanden, der bestimmte Ziele in seinem Leben verwirklichen will.

Nutzen Sie Ihren Fernseher richtig

Aktiv fernsehen bedeutet gezielte Nutzung des Informationsangebotes. Wenn man an die verschiedenen Wissenschaftsgebiete und Lehrprogramme denkt, kann man geradezu von einer modernen Heimuniversität sprechen. Die meisten Sendungen, die uns interessieren, sind wöchentlich wiederkehrende Sendungen. Nehmen Sie einen Marker zur Hand und gehen Sie am Anfang der Woche die Programmzeitschrift durch. Für Sie wichtige Sendungen tragen Sie in Ihren Kalender ein. Sicher kennen Sie das Telekolleg, das unter anderem zur Fachhochschulreife führt. Wenn Sie an diesem Kurs oder auch an berufsbegleitenden Kursen interessiert sind, schreiben Sie zwecks Unterlagen an Ihre Rundfunkanstalt (z. B. Südwestfunk, Telekolleg, Postfach 820, 76522 Baden-Baden).

Bestimmen Sie im voraus, was Sie sehen möchten

Kontrollfrage: Wie lange ist Ihr täglicher Fernsehkonsum? . . . . Auf welche Sendungen sollten Sie ab heute verzichten? . . . .
Rechnen Sie die Jahreszeitmenge Ihres Fernsehkonsums aus und vergleichen Sie diese mit Ihrer Arbeitszeit . . . . . .

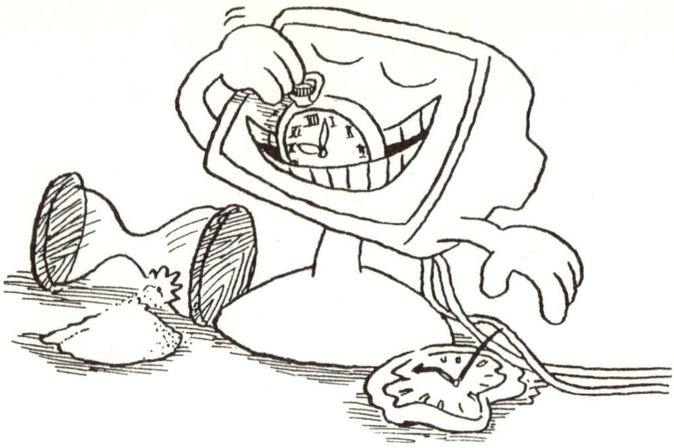

Fernsehanstalten und Werbeagenturen können sich freuen: In den bundesdeutschen Haushalten läuft der Fernseher im Schnitt 3 3/4 Stunden am Tag, bei verkabelten Mitbürgern sogar mehr als 4 Stunden. In der Republik sind 31 Mio. Geräte empfangsbereit. Etwa 400 000 Haushalte besitzen 3 und mehr Geräte. Mittlerweile wollen 92% der Bevölkerung in die eigene Röhre schauen.

Der Videorecorder speichert die Sendung

Videorecorder ermöglichen es, Fernsehsendungen über mehrere Stunden hinweg aufzuzeichnen. So können Sie Lernprogramme gezielt nacharbeiten. Sind Sie verhindert, ein bestimmtes Programm anzusehen, dann können diese Geräte einige Tage im voraus für die Aufnahme programmiert werden. Sie sind damit nicht mehr an den Fernseher und den genauen Termin gebunden.

Strategie Nr. 27

Schlaf – aber nur so viel, wie man wirklich braucht

Der Schlafbedarf verschiedener Menschen ist unterschiedlich

Der ehemalige US-Präsident Ford sagte: »Essen und Schlafen sind Zeitverschwendung.« Andere behaupten das Gegenteil. Wieviel Schlaf braucht man denn nun wirklich?

Die Acht-Stunden-Schlaf-Formel ist nichts Magisches. Tatsache ist, daß die meisten Leute ca. 7 1/2 Stunden schlafen; und es kann gut sein, daß bei Ihnen 5-6 Stunden ausreichen. Schlafen Sie so viel, wie Sie brauchen, um am nächsten Morgen wieder frisch und munter zu sein; aber schlafen Sie nicht mehr. Darauf weisen Experten in der Schlafforschung hin. Falls Sie es ganz genau wissen wollen: Der deutsche Bundesbürger schläft im Durchschnitt 7 Stunden, 36 Minuten (Frauen) und 7 Stunden, 28 Minuten (Männer).

»Vorschlafen« oder »Nachschlafen« gibt es nicht

Falls Sie ab und zu den größten Teil Ihres Nachtschlafes versäumen – haben Sie keine Angst. Sie fühlen sich dann zwar etwas unwohl; aber es muß sich nicht unbedingt in der Arbeit am nächsten Tag auswirken. Möglicherweise machen Sie am Nachmittag des folgenden Tages ein Tief durch; aber ansonsten müßte es Ihnen ordentlich gehen. Verlorenen Schlaf können sie in vollem Umfang nicht wieder hereinholen. Möglicherweise werden Sie 1-2 Stunden länger schlafen; aber die verlorenen Stunden lassen sich nicht nachholen.

Falls Sie bisher 9-10 Stunden geschlafen haben, sollten Sie bedenken, ob es wirklich notwendig ist oder nicht. So viel Schlaf beruht in der Regel auf einer schlechten Gewohnheit und ist ungesund. Dadurch verlangsamt sich die Herztätigkeit, so daß sich die ganze Person verändert.

Versuchen Sie, Ihre kürzeste Schlafzeit festzustellen, bei der Sie frisch und leistungsfähig bleiben! Streichen Sie immer wieder zehn Minuten ab. Testen Sie, wann der Körper rebelliert und nach mehr Schlaf verlangt.

Ein Schlafzyklus dauert 1 1/2 Stunden

Der Nachtschlaf ist etwas, was zu einem bestimmten Zeitpunkt beginnt und nach 7-8 Stunden beendet ist. Der Schlaf wickelt sich in Zyklen zu jeweils 1 1/2 Stunden ab. Nach jeweils 1 1/2 Stunden wird man entweder kurz wach oder man dreht sich herum; die nächste Schlafphase beginnt. Sollten Sie nachmittags ein Nickerchen machen, was sehr gesund ist, dann bitte nur 10-20 Minuten oder gleich 1 1/2 Stunden. Dazwischen würden Sie Ihren Körper aus dem Tiefschlaf aufwecken, und das nimmt er Ihnen übel. Sie fühlen sich dann den ganzen Tag über unausgeschlafen und unzufrieden.

Finden Sie heraus, zu welcher Gruppe Sie gehören. Sind Sie ein »Morgenvogel«, der abends nicht mehr die Augen offen halten kann, aber um 5.00 Uhr morgens munter ist – oder gehören Sie zu den »Nachteulen«, die ohne Zeichen der Ermüdung jedes Fest bis zum Morgengrauen durchfeiern können? Je nachdem, zu welchen sie gehören, müssen Sie Ihre Arbeit richtig einteilen und dies auch konsequent durchführen.

Jeder fünfte Einwohner in unserem Land schläft schlecht. Ein tiefer und erholsamer Schlaf ist erstrebenswert. Dafür gibt es einige Grundregeln:

Regeln für gutes Schlafen

1. Die Schlafunterlage sollte nicht zu weich sein.
2. Wichtigste Bedingung für einen gesunden Schlaf:

ausreichend Sauerstoff. Am günstigsten ist deshalb das Schlafen bei geöffnetem Fenster.

3. Gegen Schlaflosigkeit kann man die alte Kur einmal ausprobieren: heiße Milch und ein warmes Bad.

4. »Füße warm und Nase kalt, schlafen wirst Du dann sehr bald.« Schlafen Sie daher stets im Kühlen.

5. Das alte Sprichwort »Ein gutes Gewissen ist ein sanftes Ruhekissen« wurde von der Wissenschaft bestätigt.

Schlaf ist nun einmal auf die Dauer durch nichts anderes zu ersetzen. Weder durch das Kettenrauchen noch durch stimulierende Tabletten. Das müssen wir uns von den Ärzten immer wieder sagen lassen.

Strategie Nr. 28

Halt dich fit

Die Gefahr des vielen Sitzens

Sicher kennen Sie den Satz vom »gesunden Geist im gesunden Körper«. Der Dichter Heinrich Seume hat heute mehr denn je recht mit seinem Bonmot: »Es ginge alles in der Welt besser, wenn alles mehr ginge.«

Lernen, das bedeutet ja in erster Linie sitzende Tätigkeit. Das Sitzen verführt zu einer Bequemlichkeit, die durchaus nicht der natürlichen Lebensweise des Menschen entspricht.

Die gekrümmte Haltung ist eine der großen Gefahren für unsere sitzende Tätigkeit. Lernen Sie deshalb das richtige »Körpergefühl« – nicht nur mit dem Verstand, sondern mit Ihrem Körper!

Bewegung erhöht die geistige Aktivität

Mangelnde Bewegung bedeutet auch mangelnde Durchblutung. Eine gute Hirndurchblutung ist aber wiederum Voraussetzung für die Denkprozesse und für das Lernen.

Bei Störungen sind die Folgen Müdigkeit und Erschöpfung. Wir sind als »motorische Wesen« angelegt; deshalb ist es wichtig, die Bewegungsarmut auszugleichen.

Der Mensch kann dank seiner Gehirnfunktionen seine Leistungsfähigkeit nicht nur durch den Schlaf wiederherstellen, sondern auch durch körperliche wie durch geistig schöpferische Aktivitäten. Darüber haben wir schon im Kapitel »Schlafen« gesprochen. Körperliche Aktivität beeinflußt und fördert also den Denkprozeß. Wenn manche Menschen sich dann am besten konzentrieren können, wenn sie im Zimmer auf- und abgehen, so handelt es sich um diesen Vorgang.

Das Argument, zum Sport fehle die Zeit, ist nicht stichhaltig. Denn die für regelmäßige Fitneßübungen verwen-

dete Zeit ist in Wirklichkeit ein Zeitgewinn, weil in der Konsequenz Leistungsförderung und Gesunderhaltung den zeitlichen Aufwand um ein vielfaches aufwiegen.

Halten Sie sich richtig fit: Laufen Sie!

Die beste, einfachste und billigste Methode heißt: Laufen. Sicher kennen Sie den »Trimm-Trab«, das »neue Laufen ohne zu schnaufen«. Es gibt viele Sportarten, aber nur wenige sind so wirksam wie Laufen und Schwimmen.

Laufen und noch mehr laufen

Schämen Sie sich nicht, in Ihrem Wohngebiet morgens Ihre Laufrunden zu drehen. Sie nutzen Ihrer Gesundheit, und das sollte Sie selbstsicher machen.

Und hier noch einige weitere Tips, wie Sie im Alltag laufen können:

Falls Sie mit dem Bus oder der Straßenbahn zur Schule fahren, steigen Sie zwei Stationen früher aus und gehen Sie möglichst zügig. Je schneller Sie gehen, desto besser wird Ihr Herz trainiert. Wer mit dem Auto fährt, kann künftig seinen Wagen auf einem weiter entfernten Parkplatz abstellen, um dadurch etwas länger gehen zu können.

Treppen steigen aktiviert den Kreislauf. Nehmen Sie zwei Treppen auf einmal. Notfalls boykottieren Sie den Fahrstuhl.

Zweimal pro Woche ist das Minimum

Einmal in der Woche sollten Sie sich Zeit nehmen zum Waldlauf sowie einmal in der Woche für Sauna und Schwimmen. Fachleute sagen, Sport treiben hat erst einen Wert, wenn es regelmäßig geschieht; zweimal in der Woche mindestens 20 Minuten ist sehr viel besser als nur einmal alle 14 Tage und dann zwei Stunden. Übermäßig betriebener Sport kann eine größere Belastung sein, als daß er hilft. Er hat allerdings nur dann einen Nutzeffekt, wenn der Pulsschlag während der Übungen auf 50-60 Schläge über den Ruhepuls ansteigt. Als Faustformel merken Sie sich:

180 – Lebensalter = Pulsfrequenz

Das ist die Pulsfrequenz, die Sie anstreben sollten.

Trimm-Pfade

Die Trimm-Pfade und Vita-Parcours sind seit 1969 in der Bundesrepublik eingeführt. Wenn Sie einen neuen Trimm-Pfad benutzen, passieren Sie doch erst einmal den gesamten Parcour im Dauerlauf. Anschließend machen Sie dann die gymnastischen Übungen, die an jeder Station angegeben sind. Wenn Sie noch nicht durchtrainiert sind, dann Achtung vor allem bei Übungen, die die Wirbelsäule stark beanspruchen (z.B. rückwärts auf einem Baumstamm).

Trimm-Geräte

Natürlich kann man sich auch mit Trimm-Geräten (Heimtrainern) fit halten. Erfahrungsgemäß landen jedoch die meisten Geräte irgendwann einmal in der Ecke, weil sie auf die Dauer langweilig werden. Freude und Spaß sollten beim Sport vorherrschen.

Wer sein Fitneß-Programm nicht allein durchführen möchte, kann sich den »Jedermann-Gruppen« der Sport-

und Turnvereine zugesellen. Dort sind Fitneß-Fans unter Anleitung von Fachkräften unter sich. Gehen Sie ruhig zu einer Skigymnastikgruppe eines Sportvereins, auch wenn Sie von Skifahren keine Ahnung haben. Dort werden Lockerungsübungen, Gymnastik mit und ohne Gerät und Trimm-Trab praktiziert. Nun erschrecken Sie nicht, denn diese Spielchen sind leicht erlernbar und erfordern nicht allzuviel Technik. Sie werden auch nicht nur Hochleistungssportler vorfinden, sondern solche Leute, die ganz einfach ein wenig »Trimmen« wollen.

Trimmen soll Spaß machen

Und noch etwas: Wie wäre es, wenn Sie jeden Tag 5-10 Minuten früher aufstehen würden, um den Tag aktiv zu beginnen? Üben Sie möglichst am offenen Fenster und atmen Sie tief durch. Die sogenannte Tiefatmung bewirkt folgendes:

Morgengymnastik

- verschafft neue Energien,
- beruhigt das Nervensystem,
- wirkt gegen Trägheit,
- reinigt und bereichert das Blut,
- kräftigt Lungen, Brustkorb, Bauch,
- stärkt die Widerstandskraft gegen Erkältungen.

Morgengymnastik besteht aus verschiedenen Übungen:

a) Dehnungsarbeit zur Erhaltung der Beweglichkeit (intensives Atmen);

b) Kreislaufanregende Übungen.

Folgende Übungen sollten an jedem Morgen trainiert werden:

a) Dehnungsarbeit

1. Aus der Schlußstellung hoch in den Zehenstand; Arme dabei in die Hochhalte führen und tief einatmen.
2. Füße ab und Arme ab – ausatmen.
3. Dasselbe nochmals wiederholen, Arme dabei in Nakkenhalte.

1. Aus dem Grätschstand, Tiefhalte:
2. Rumpfbeugen links seitwärts mit Schwingen rechts in die Rumpfhalte über den Kopf.
3. Aufrichten in die Ausgangsstellung.
4. Dasselbe mit dem linken Arm, Rumpfbeuge rechts seitwärts.
5. Aufrichten in die Ausgangsstellung.
6. Rumpfbeugen seitwärts rechts wie links mit beiden Armen. Bei der Übung tief einatmen. In der Ausgangsstellung wird ausgeatmet.

Grundstellung, Nackenhalte: (einatmen)

1. Knie anheben rechts, Rumpfbeuge, linker Ellenbogen berührt das rechte Knie (ausatmen).
2. Ausgangsstellung (einatmen).
3. Dasselbe links (ausatmen).

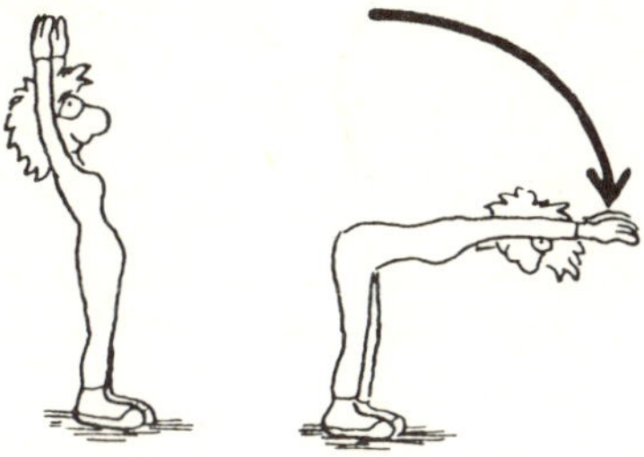

1. Ausgangsstellung Hochhalte (einatmen).
2. Oberkörper neigen in den Winkelstand (ausatmen). Darauf achten, daß der Kopf nicht hängen gelassen wird, sondern genau zwischen den vorgestreckten Armen nach vorne sieht. Die Beine dabei nicht ganz durchstrecken.
3. Ausgangsstellung (einatmen).
4. Winkelstand (ausatmen).

b) Kreislaufanregende Übungen

1. In aufgerichteter Grundstellung kreisen beide Arme rückwärts.
2. Schwingen in die Vorhalte mit leichtem Rückbeugen des Rumpfes.
3. Wie 1. (Tempo etwas beschleunigen).

1. Grätschstand, entspanntes Vorfallen des Rumpfes, die Hände berühren den Boden. Die Dehnung mehrere Sekunden halten.
2. Aufrichten mit Armkreis rückwärts.

1. Grätschstand, Hochhalte:
   Senkrechtes Rumpfkreisen nach rechts beginnend.
2. Dasselbe, aber aus der Rumpfbeuge beginnend (rechts und links im Wechsel).

1. u. 2. Vor- und Rückschwingen des rechten bzw. des linken Beines (Höhe steigern); Arme dabei in Seithalte.
3. u. 4. Seithalte. Schwingen links nach rechts. Die linke Fußspitze berührt die linke Hand.

1. Grundstellung.
2. Hohes Verspreizen links mit Handklatsch unter dem linken Knie.
   Dasselbe rechts mit Handklatsch unter dem rechten Knie.
3. u. 4. Rechtes bzw. linkes Knie wird in schnellem Wechsel hochgezogen. Das Standbein kann dabei vom Boden leicht abspringen (Tempo und Ausdauer können bei dieser Übung von Tag zu Tag gesteigert werden).

Viel Spaß! Und noch ein guter Tip: Der eigenen Übungsphantasie sind keine Grenzen gesetzt.

Es gibt Schallplatten und Kassetten für Gymnastikübungen. Das macht Spaß, weil der Rhythmus der Musik die Übungen ungemein erleichtert. Die Rhythmik der Musik beeinflußt die Rhythmik des Körpers, beschwingt, führt, treibt und vertreibt die Müdigkeit.

Hier einige preiswerte Bücher mit vielen Tips und Anregungen für gymnastische Übungen:

Gert von Kunhardt, *Fitness for body and soul*, Brendow-Verlag, Moers 1997
Gut geht's mir, Brendow-Verlag, Moers 1995
Gert und Marlen von Kunhardt, *Das Minutentraining*, R. Brockhaus Verlag, Wuppertal 1997

Marlen von Kunhardt, *Jetzt schaff ich's*, Brendow-Verlag, Moers 1995
Doris Siegenthaler, *Ganzheitlich fit*, Verlag der Liebenzeller Mission, Bad Liebenzell 1991
Neuer Schwung für den Alltag, Verlag Schulte & Gerth, Asslar 1996
Rundum fit – mach mit, Verlag Schulte & Gerth, Asslar 1996
Jean-Paul Pianta, *Die Intelligenz unseres Körpers*, Seehamer Verlag, Weyarn/Großseeheim, 1998
Werner Gitt, *Faszination Mensch*, Christliche Literaturverbreitung, Bielefeld 1996

Strategie Nr. 29

Ernährung, Krankheit und geistige Leistung

Nur wenige Menschen sind gesund

Mit 16 oder 18 Jahren denkt kaum einer über seine Gesundheit nach. Gesund zu sein erscheint selbstverständlich. Nur sehr wenige Menschen sind aber ganz gesund. Wer nach der besten Methode für *geistiges* Arbeiten sucht, muß sich bewußt machen, daß Körper und Geist eng miteinander verbunden sind. Der römische Dichter Juvenal sagte: »Ein gesunder Geist erfordert einen gesunden Körper!« Einige Grundregeln für richtige *Ernährung*:

Einfache Regeln für die richtige Ernährung

1. Das Kochen ist eine menschliche Erfindung und nicht gerade die beste. Je weniger ein Lebensmittel bearbeitet und verändert wird, desto gesünder ist es. Was man roh genießen kann, soll man auch roh essen (Salate, Gemüse, Obst, Quark usw.).

2. Regelmäßige Mahlzeiten! 1) Essen Sie zu festen Zeiten, denn auch der Magen braucht Ruhe. 2) Mehrere kleine Mahlzeiten sind besser als wenige große. Versuchen Sie es mit fünf Mahlzeiten: Frühstück, Vesper, Mittagessen, Zwischenverpflegung (Saft, Milch, Tee), Abendessen.

3. Gut kauen hilft verdauen. Jeden Bissen ca. 30mal kauen, bei schlechtem Gebiß 90mal. Essen Sie langsam und ohne Hast.

4. Viel Fett wird mit den Lebensmitteln verzehrt. Der Magen verdaut kein Fett; deswegen verweilen fettreiche Mahlzeiten länger im Magen. Verzichten Sie also auf fette Mahlzeiten.

5. Der Genuß von Nikotin, Bohnenkaffee und »schwarzem Tee« ist für eine gesunde Ernährung nicht zu empfehlen. Auch das »Verdauungs-Schnäpschen« täuscht nur Verträglichkeit vor. Kein Tier rührt Schnaps (oder Likör) freiwillig an.

6. Der handelsübliche Zucker (Rüben- und Rohrzucker) ist äußerst schädlich. Dieser Zucker kommt in vielen Formen vor: in Schokolade, Kuchen, Marmelade. Auch der »braune« Zucker gehört dazu.

Krankheit

Erkältungen haben nichts mit Kälte zu tun

Wir sind besonders anfällig für sogenannte Erkältungskrankheiten und Infekte. Bei der als »Erkältung« bezeichneten Erkrankung liegt die Ursache nicht an der übermäßigen Kälte, wie das Wort vermuten läßt. Oft handelt es sich um eine Überforderung des Körpers oder eine seelische Belastung. Häufig liegt es auch an der falschen Ernährung. Oder solche Erkältungen hängen mit dem »Schwitzen« zusammen. Jeder weiß, wie leicht er sich eine Erkältung zuziehen kann, wenn er z.B. nach einem Tanz verschwitzt ins Freie geht. Ursache können aber auch nasse Kleidung und Schuhe sein.

Vorsicht vor Medikamenten

Eins jedoch haben alle Erkrankten gemeinsam: Die natürlichen Abwehrkräfte des Organismus sind geschwächt. Nun gibt es gegen den Schnupfen eine Menge von Medikamenten. Jedes chemische Medikament aber, sofern es überhaupt wirkt, unterdrückt die Selbstheilungsbemühung Ihres Körpers. Der »Infekt« wird unterdrückt und stellt sich später wieder ein, bis er unbeeinflußt ausheilen kann.

Und so beugen Sie vor:

Passende Kleidung verhindert Erkältungen. Achtung bei plötzlichen Temperaturschwankungen. Vermeiden Sie kalte, nasse Füße. Setzen Sie sich nicht der Zugluft aus, wenn Sie schwitzen. Essen Sie Obst wegen der Vitamine. Duschen Sie morgens kalt. Ein- bis zweimal pro Woche richtig schwitzen, am besten durch Jogging oder in der Sauna.

Strategie Nr. 30

Freizeit – wie man etwas aus ihr macht

Es findet ein wahrer Großangriff auf unsere Zeit statt, so daß mancher behaupten wird, daß er gar keine Freizeit mehr habe. Nun, stellen wir eine einfache Rechnung auf: Ein Tag hat 24 Stunden. Für den Schlaf benötigen wir ca. 8 Stunden, 10 Stunden für Schule oder Beruf und für verschiedene Aufgaben bzw. für die Arbeit und den Weg zur Arbeit, 3 Stunden fürs Essen, Waschen und dergleichen und noch eine halbe Stunde für sonstige Kleinigkeiten. Bleiben also immer noch 2 1/2 Stunden am Tag, die doch für die meisten von uns wirklich frei sind. Die Arbeitsstunden, die Aufgaben und vieles andere sind uns vorgegeben. Darüber können wir nicht frei verfügen. Aber über die Freizeit verfügen wir.

Deine Freizeit – Chance oder Gefahr

Der Charakter eines Menschen wird ganz wesentlich dadurch bestimmt, wie und mit wem er seine Freizeit verbringt. Je nachdem wird sein Leben alltäglich oder außergewöhnlich. Lassen wir uns die Zeit nicht vergeuden! Wie gestalten Sie Ihre freien Abende oder freien Tage, Ihre freien Wochenenden?

Haben Sie ein Hobby?

Bei der Erforschung zur Bekämpfung der Ermüdungsphasen stieß man auf merkwürdige Zusammenhänge. Man fand heraus, daß die Ermüdung gar nicht so sehr von der Arbeit herrührt, sondern von Faktoren wie Eintönigkeit, Kummer, Unentschlossenheit und Empfindlichkeit. Eines der Mittel, um diese Ermüdung zu bekämpfen, ist die Entspannung durch Hobbys, die Ihnen Freude bereiten. Denn wer freudig arbeitet, arbeitet schließlich besser.

Wachsender Wohlstand bringt weniger Freizeit

Wieviel Zeit Sie für Ihre Hobbies übrig haben, hängt natürlich von den Familienverhältnissen ab, in denen Sie leben. Machen Sie sich klar, daß mit wachsendem Einkommen die Anforderungen an die Zeit steigen. Wenn Sie eine Sauna selbst zu pflegen haben, kann das so viel Zeit kosten wie die Benutzung einer Sauna in der Stadt. Je mehr Sie selbst besitzen, desto länger wird die Verbrauchszeit (Konsumzeit) mit entsprechend weniger Ruheperioden. Deshalb bleiben Sie bescheiden und genießen Sie Ihre Freizeit.

Ein Wort an unsere jüngeren Leser:

Ferienjobs sind gesucht

Ferienjobs werden von Jahr zu Jahr beliebter. Sicher hängt das mit dem steigenden Geldbedarf des Jugendlichen zusammen. Das Mofa, die Stereo-Anlage oder der geplante Urlaub sind eben nicht billig.

Vereinzelt gibt es Schüler, die die Ferien zum Vor- und Nacharbeiten des Lernstoffes nutzen. Wer das nötig hat, soll es auch tun. Die Mehrzahl der Schüler jedoch könnte sich gut nach einer Ferienarbeit umsehen.

Körperliche Arbeit ist die richtige Ergänzung zum Schulalltag

Ferienarbeit bringt in der Regel den richtigen körperlichen Ausgleich. Außerdem motiviert sie sehr für den nach den Ferien wieder neu beginnenden Unterricht. Die regelmäßig in der zehnten und elften Klasse des Gymnasiums einsetzende große Schulmüdigkeit und Verdrossenheit würde durch etwas Fabrikarbeit sicher zurückgedrängt. Eine Verbesserung im Schulplan wäre sicherlich der Ausbau von Praktika während der Schulzeit. Dadurch bekommen Schüler schon frühzeitig einen realistischen Eindruck von der Arbeitswelt, und sie sind nachher sicher motivierter, den angestrebten Schulabschluß zu erreichen, um sich für einen Beruf zu qualifizieren. 13 Jahre Non-Stop-»Sitzbankdrücken« ist sicher nicht die beste Lösung.

Entspannen heißt nicht »Nichtstun«

In diesem Kapitel ist wohl klar geworden, daß Entspannen und Ausspannen nicht gleichbedeutend mit Nichtstun sind. Suchen Sie sich also Hobbies, bei denen Sie aktiv werden können, und überlegen Sie sich, wann Sie in Ihrem Tagesablauf Zeiten der persönlichen Stille, der Meditation und Zeiten des persönlichen Nachdenkens einrichten wollen. Von daher werden Sie die Kraft für Ihre täglichen Aufgaben erhalten. Ja, das Gespräch mit dem lebendigen Gott ist wichtig. Nur über ihn kommen wir wieder zu uns selbst und zu unseren Mitmenschen; letztlich empfangen wir auch die Herrschaft über unsere Zeit zurück. Denn unsere Zeit steht ganz und gar in seinen Händen.

Strategie Nr. 31

Tips für den Umgang mit Lehrern

Solange es Schüler gibt, gibt es auch Lehrer

Machen Sie aus der Konstellation Lehrer–Schüler einen sinnvollen und ertragreichen Gebrauch. Auch wenn Ihnen der Lehrer nicht gefällt, ist es doch sein Auftrag, dem Schüler in seinem eigenen Interesse etwas beizubringen. Auch wenn dies nur sehr unvollkommen geschieht, wird er im Normalfall immer davon profitieren. Wenn Sie sich gegen den Lehrer stellen und blockieren, so sind der Leittragende letztlich nur Sie.

Lehrer sind immer unvollkommen

Im Verhältnis Lehrer–Schüler wird immer eine Spannung liegen, da der eine zu fordern hat und der Schüler oft nicht will. Der Lehrer hat es aber nicht mit vielen einzelnen, sondern mit einer ganzen Klasse zu tun. Deshalb wird er einzelnen Schülern immer etwas schuldig bleiben. Für Eltern ist es wichtig, das zu wissen. Das Kind wird sich zuhause anders geben als in der Schule.

Im übrigen wird manches, was Sie vielleicht hart ankommt, keine Willkür von Vorgesetzten und Lehrern sein, sondern auf Notwendigkeit beruhen.

Und wenn es tatsächlich Willkür sein sollte, so denken Sie daran, daß bereits das neue Testament von Führern redet, die mürrisch und launisch sind. Da heißt es: »Ihr Sklaven müßt euch euren Herren unterordnen und ihnen Achtung entgegenbringen, nicht nur den freundlichen und rücksichtsvollen, sondern auch den launischen« (1. Petrus 2,18).

Strategie Nr. 32

Das Studium ist beendet – was nun?

Die Schule ist beendet – die »Lebensschule« geht weiter

Wenn Sie nun sagen: »Jetzt will ich zuerst einmal für eine Weile meine wohlverdiente Ruhe haben«, dann ist das verständlich. Die Intensität eines konzentrierten Studiums kostet große Anstrengung.

Lernen macht sich bezahlt

Wie im Sport sollten Sie Ihrem durch das Studium trainierten Geist nicht plötzlich Ruhe gönnen. Legen Sie zeitweilig eine etwas gemäßigtere Gangart ein, aber sorgen Sie dafür, daß Ihre »geistig arbeitenden Muskeln« nicht verkümmern und hinreichend kräftig bleiben zur Bewältigung neugestellter Aufgaben.

Erfolg in der Schule = Erfolg im Beruf

Das systematische Durcharbeiten eines Buches war ganz sicher eine Ihrer besten Investitionen. Und in der Regel hilft ein gutes Zeugnis gleich zu einem guten Einstieg im neuen Lebensabschnitt. Außerdem werden dieselben Gewohnheiten und Fähigkeiten, die den Erfolg in der Schule gebracht haben, auch später im Berufsleben den Erfolg ermöglichen.

Beruf und Berufung gehören zusammen

Viele empfinden berufliche Arbeit als notwendiges Übel, das man so schnell wie möglich hinter sich bringt, um dann »eigentlich« zu leben: am Feierabend, am Wochenende oder im Urlaub. Wenn Sie auch in dieses schematische Denken verfallen, dann denken Sie daran, daß Beruf etwas mit Berufung zu tun hat. Paulus schreibt an die Kolosser: »Und alles, was Ihr tut mit Wort oder mit Werk, das tut alles im Namen des Herrn Jesus, indem ihr Gott, dem Vater, durch ihn dankt« (Kapitel 3,17), und »Was immer ihr tut, daran arbeitet von Herzen als für den Herrn und nicht für Menschen« (Kapitel 3,23). Das heißt doch, daß es nicht so wichtig ist, was man tut, sondern wie man es tut. Es gibt genügend Menschen, die ihre Arbeit mißmutig und unzufrieden erledigen. Sie warten auf den Tag, an dem Sie befördert werden oder ein neues Aufgabengebiet erhalten. Aber das ist keine Lösung. Ein mißmutiger und unzufriedener Vorarbeiter, der zum Meister befördert wird, ist deswegen nicht weniger mißmutig. Der goldene Satz an dieser Stelle heißt: »Es ist nicht die Arbeit, die einen Menschen prägt, sondern die Arbeit offenbart nur, was für ein Geist im Menschen ist.« Lassen Sie es uns noch einmal geistlich mit Kolosser 3,17 sagen: »Und alles, was ihr tut mit Wort oder mit Werk, das tut alles im Namen des Herrn Jesus, indem Ihr Gott, dem Vater, durch ihn dankt!«

Sie haben jetzt gelernt, wie man lernt

Beinahe jeder ist über seinen ersten Beruf überrascht. Viele klagen, daß sie nicht einmal zehn Prozent von dem benutzen können, was sie gelernt haben. Seien Sie geduldig, zumindest einen Teil werden Sie noch gebrauchen.

Das Wichtigste ist:

Sie haben gelernt, *wie* man lernt. Wenn Sie jetzt ein neues Buch zur Hand nehmen, dann wissen Sie, wie man es schnell lesen und trotzdem viel behalten kann.

Es ist relativ einfach, die im vorliegenden Buch beschriebenen Techniken zu verstehen.

Gewohnheiten entwickeln

Lesen Sie aber einzelne Abschnitte wieder und wieder und üben Sie so lange, bis sich Gewohnheiten entwickeln. Erst das bewirkt Veränderung.

Sicher haben Sie hin und wieder an manchen Stellen den Eindruck, daß der Schreiber den Mund ganz schön voll genommen hat. Greifen Sie diese Abschnitte heraus und leben Sie damit einige Tage. Entweder stimmt der Abschnitt oder er stimmt nicht. Auf jeden Fall sind Sie dann um eine Lebenserfahrung reicher.

Während des Studiums wurden Ihnen Ihre Ziele weitgehend von anderen diktiert. Nach Abschluß des Studiums haben Sie nun einen ganz großen Freiraum, den Sie gestalten können. Lesen Sie noch einmal den Abschnitt über Ziele durch und haben Sie den Mut, kühne Dinge zu denken. Sie wissen ja: Wer sich viel vornimmt, wird viel erreichen. Wer sich nichts vornimmt, wird nichts erreichen. Sie erreichen genau so viel, wie Sie sich vornehmen.

Sie erreichen so viel, wie Sie sich vornehmen

Es waren Fragen praktischer Art, denen wir in diesem Buch nachgegangen sind. Aber schon in unserem ersten Teil mit dem Thema: »Lernet von mir« (Jesus) und auch beim Nachdenken über die praktischen Fragen sind wir an eine unübersehbare Grenze gekommen, die uns im Geheimnis der Zeit gesetzt ist.

Jede Strophe von Paul Gerhardts schönem Loblied »Sollt ich meinem Gott nicht singen« schließt mit den Worten: *»Alles Ding währt seine Zeit, Gottes Lieb' in Ewigkeit.«*

Unsere Zeit kommt aus der Zeitenfülle Gottes und strömt wieder in sie zurück. Für alle, die sich Jesus Christus anschließen, hat die Ewigkeit schon begonnen. In ihm ist die Ewigkeit angebrochen.

»Das EWIG Licht geht da herein,
gibt der Welt ein' neuen Schein;
es leucht' wohl mitten in der Nacht
und uns des Lichtes Kinder macht.«

Strategie Nr. 33

27 kleine Lebensregeln

Wir wollen dieses Buch abschließen mit den 27 Lebensregeln von John R. Mott (John Mott starb im Jahre 1955 als ein Mann, der, von Königen und Staatspräsidenten als Ratgeber begehrt, von Studenten und einfachen Männern und Frauen als Seelsorger gesucht, bis an sein Lebensende als der selbstlose Gesandte Jesu Christi lebte). John Mott war der Sohn eines einfachen amerikanischen Waldbauern. Aufgewachsen ist er in der abenteuerlichen Umgebung des Mississippi.

Um morgens das Aufstehen nicht zu versäumen, hatte er in der Nähe seines offenen Schlafzimmerfensters einen jungen Hahn eingesperrt. Jeden Morgen krähte er so lange, bis John es auf seinem Lager nicht mehr aushielt. Einen Wecker gab es im Wilden Westen zu jener Zeit noch nicht, und eine Uhr war eine Kostbarkeit.

Als Evangelist und Missionar reiste er später für den CVJM rund um die Welt; er organisierte und leitete die weltweiten Kirchenkonferenzen, aus denen später die ökumenische Bewegung hervorging, deren Präsident er bis an sein Lebensende blieb.

Niemals zum geistlichen Amt ordiniert, besaß er doch als geistlicher Laie mehr Autorität als Bischöfe oder Kirchenpräsidenten, die sich in echter Verehrung seiner Führung anvertrauten.

John Mott hinterließ ein reiches geistiges Erbe. Mit seinen »27 kleinen Lebensregeln« können wir daran etwas teilhaben.

27 Kleine Lebensregeln

I. Um leiblich zu wachsen

1. Ich halte einen wöchentlichen Ruhetag.
2. Ich schlafe jede Nacht lange genug.
3. Ich betätige mich täglich körperlich.
4. Ich vermeide Energieverschwendung durch
   - zu häufiges Sprechen, Grübeln und Ängstlichkeit,
   - fortwährendes Denken an meine Arbeit,
   - fortwährendes Bleiben in der Spannung der Arbeit,
   - zu lange ausgedehnte Arbeiten.
5. Ich beachte die Gesetze der Erhaltung meiner Gesundheit.
6. Ich betrachte körperliche Gesundheit als eine Gabe, über die ich genau Rechenschaft ablegen muß.
7. Ich nehme in jedem Jahr einen richtigen Urlaub, zu dem folgendes gehört:
   - vollständiger Wechsel des Alltags,
   - absolute Abwendung vom Fachsimpeln in Worten und Gedanken,
   - angenehme körperliche Betätigung oder Spiel,
   - täglich eine Stunde Studium mir fremder Gebiete,
   - täglicher Umgang mit geistlichen Dingen.

II. Um geistig zu wachsen

1. Ich lege mir in jedem Jahr einen Plan zurecht, um meine geistige Entwicklung voranzutreiben.
2. Diesem Plan folge ich entschlossen.
3. Ich beachte folgenden Plan des Studiums: Gründliches Studium eines Buches der Bibel, umfassende Erforschung eines Wissensgebietes, das mit meiner Arbeit zusammenhängt.
4. Ich knapse mir bestimmte Zeiten für das Studium ab.
5. Ich pflege eine beobachtende und forschende Geisteshaltung.
6. Ich nütze die Gelegenheit, mich mit anderen Menschen gründlich zu unterhalten.

7. Ich schaffe mir einen einfachen Plan, die Ergebnisse meiner Lektüre, Gespräche und meines Nachdenkens zu notieren.
8. Ich schreibe Artikel, die ein besonderes Studium und eine besondere Forschung erfordern.
9. Ich arbeite neue Ansprachen aus, die ein spezielles Studium verlangen.
10. Ich verbinde mich aufs engste mit einem oder mehreren Menschen, die anerkannte geistige Größen sind.

III. Um geistlich zu wachsen

1. Ich ersinne weitreichende und großzügige Pläne, mein geistliches Leben zu fördern.
2. Ich lege gelegentlich einen halben oder ganzen Tag zur Überprüfung meiner geistlichen Situation ein.
3. Ich halte unter allen Umständen die Morgenwache.
4. Ich tue alles, um mein Gebetsleben zu fördern.
5. Ich baue die »Stille Zeit« in meine Pläne ein.
6. Ich übe ein regelmäßiges Bibelstudium.
7. Ich lese gelegentlich ein bedeutendes Bekenntnisbuch der Kirche.
8. Ich gehe regelmäßig zur Kirche.
9. Ich bekämpfe mutig die Sünde in jeder Form. Insbesondere suche ich die »kleinen Sünden« auszuschalten.
10. Ich komme in Herzenskontakt mit der echten Not meines Nächsten und versuche, ihm zu helfen.

John R. Mott 1865-1955
Präsident des CVJM Weltbundes
Friedensnobelpreisträger 1946

22 Zeitspartricks

1. To-do-List. Immer Zettel und Kugelschreiber mit sich führen. Darauf alles notieren, was erledigt werden muß oder nicht vergessen werden darf.

2. Klare Ziele haben (beruflich, geistig, geistlich, Fitneß usw.). Liste der Lebensziele mindestens einmal im Jahr (Geburtstag) gewissenhaft studieren.

3. Planen. Den Weg zum Ziel festlegen.

4. Mit anderen zusammenarbeiten. Aufgaben delegieren und anschließend kontrollieren.

5. Sofort mit dem Wichtigsten beginnen. Wenn diese eine Sache erledigt ist, kommt die nächste.

6. Gewohnheiten entwickeln. Schlechte Gewohnheiten abgewöhnen.

7. Durch Hobbys entspannen.

8. Lernen, zu anderen »nein« zu sagen.
   Lernen, wie man nutzlose Gespräche zu Ende bringt.

9. Konzentrieren. Sich zwingen, Entscheidungen zu treffen. Nicht nur auf ein Blatt Papier starren und die »Gedanken auf Reise schicken«.

10. Die meisten Arbeiten sind unendlich dehnbar. Deshalb einen Zeitpunkt für die Fertigstellung setzen und darauf zuarbeiten.

11. Arbeitsplatz gestalten. Mit System einräumen und aufräumen. Ein gutes Ablagesystem wirkt Wunder gegen »das Verlegen von Sachen«.

12. Zwei Fliegen mit einer Klappe schlagen. Während man mechanische Arbeit verrichtet (Dias rahmen usw.), kann man z.B. Tonbandkassetten anhören.

13. Jedes Blatt Papier nur einmal in die Hand nehmen. Kleiner Schreibtisch – großer Papierkorb.

14. Lernen – aber richtig. Die ÜFLFÜ-Methode (Überfliegen – Fragen – Lesen – Festhalten – Üben) anwenden.

15. Wissen richtig aufnehmen. Aktiv zuhören! Mitschreiben!

16. Methodisch den Fernsehkonsum drosseln.

17. Schlaf – nur so viel, wie man wirklich braucht.

18. Die Abende planen bzw. bei Schülern die Zeit nach dem Mittagessen.

19. Herumblättern in Illustrierten, Kreuzworträtsel lösen usw. meiden.

20. Arbeite, wenn andere noch oder schon schlafen (entweder frühmorgens oder spätabends).

21. Halt dich fit – regelmäßige Fitneß steigert die Leistungsfähigkeit.

22. S. 131–133 dieses Buches kopieren und deutlich sichtbar am Arbeitsplatz anbringen. Hin und wieder lesen und dann eine Sache in Angriff nehmen.

BÜCHERLISTE zum Thema »Lernen«

Titel	*Verfasser*	*Verlag*
Wirkungsvoller lernen und arbeiten	Martin Hasselhorn (Hrsg.)	Quelle & Meyer Verlag, Heidelberg/Wiesbaden, 6. Auflage 1988
Methoden der geistigen Arbeit	Ulrich Beer	Katzmann-Verlag, Tübingen, 7. Auflage 1978
Rationeller Lernen lernen	Regula D. Schräder-Naef	Verlag Beltz & Gelberg, Weinheim, 18. Auflage 1994
Kopfarbeit mit Köpfchen	Walter F. Kugemann	J. Pfeiffer Verlag, München/Heyne Verlag, München, 16. Auflage 1994
Top-Training Erfolgreich lernen und arbeiten	Friedhelm Hülshoff / Rüdiger Kaldewey	Ernst Klett Verlag, Stuttgart
Lernvergnügen. Richtiges Lernen ist angenehmes Lernen	Egon R. Sawizki	Gabal Verlag, Offenbach, 3. Auflage 1992
So macht lernen Spaß! Praktische Lerntips für Schüler und Schülerinnen, 11–16 Jahre	Wolfgang Endres	Verlag Beltz & Gelberg, Weinheim, 15. Auflage 1997
Denken – Planen – Handeln. Grundtechniken für zweckmäßiges Lernen und Arbeiten mit vielen Erläuterungen und Anwendungsbeispielen	Karl H. Beelich / Hans H. Schwede	Vogel Verlag, Würzburg, 3. Auflage 1983
Praxis produktiver Hausaufgaben	Horst Speichert	Scriptor Verlag, Berlin, 2. Auflage 1987

Aufbruch zur Gelassenheit…

Deutschlands bekanntester
1994
SEHR GUT
Werner Roth
D-31815 Springe
Zeitplanbuchtest

Hand aufs Herz: Viel zu viel muß erledigt werden. Die knappe Zeit reicht einfach nicht. Wollen Sie das ändern? Der tempus-Organizer hilft Ihnen dabei.

Sie werden staunen, wieviel effektiver Sie die nächsten Wochen und Monate gestalten werden.

„Mit dem tempus-Organizer schaffe ich es, mit einem Acht-Stunden-Tag auszukommen und trotzdem mehr zu bewältigen, als ich früher in einem Zehn- oder Zwölf-Stunden-Tag konnte."

Werner (Tiki) Küstenmacher, Karikaturist

tempus gibt es in 2 Größen:
- Westentaschen-Format
- A5-Format

und in drei Versionen:
- **tempus. 52** (1 Woche auf 2 Seiten)
- **tempus. 365/2** (1 Tag auf 2 Seiten)
- **tempus. 365/1** (1 Tag auf 1 Seite)

Den umfangreichen Katalog gibt es *gratis* im gut sortierten Fach- und Buchhandel oder bei **tempus.** D-89529 Giengen

tempus.® organizer

DAS PERSÖNLICHKEITS-PROFIL-DISG

- ***Verstehen Sie sich selbst besser***
- ***Schöpfen Sie Ihre Möglichkeiten aus***
- ***Entdecken Sie Ihre Stärken und Schwächen***

Es gibt vier verschiedene Grundtypen der Persönlichkeit und 15 Varianten. Das Persönlichkeits-Profil hilft Ihnen zu einer richtigen Einschätzung Ihres Typs, um in Familie, Freizeit und Beruf Beziehungen ausbauen und vertiefen zu können. Dadurch lernen Sie, mit Ihren Fähigkeiten und denen des anderen neu positiv umzugehen.

Das Persönlichkeits-Profil ist weltweit eines der erfolgreichsten Instrumentarien (20 Mio verkaufte Exemplare), wenn es darum geht, in kurzer Zeit einen umfassenden Eindruck über Verhaltenstendenzen der eigenen Person zu gewinnen.

- Über 6000 Trainer und Berater arbeiten weltweit mit diesem System
- Firmen wie IBM, PepsiCola und Chrysler benutzen dieses Instrument als Basis ihrer Personalplanung

Das Persönlichkeits-Profil

- hilft, sich selbst und andere besser zu verstehen
- gibt Hinweise auf grundlegende Verhaltenstendenzen einer Person
- zeigt Ihre Stärken und in welchen Bereichen einer Organisation Sie am besten zur Geltung kommen
- weist auf mögliche Konfliktbereiche hin
- gibt Vorschläge zur Leistungssteigerung.

Fordern Sie spezielle Angebote für Trainer an.

DISG-Training · Postfach 1125 · 75189 Remchingen

Selbstauswertung

Erfolgreiche Menschen wissen, wo ihre Stärken und Schwächen liegen. Schaffen auch Sie die Voraussetzungen für Spitzenleistungen bei sich selbst und in Ihrem Umfeld.

Neben einem genauen Persönlichkeits-Profil liefert Ihnen das Buch den theoretischen Hintergrund und die entsprechende Anwendung in der Praxis.

Hardcover, 160 Seiten, 4farbig.

Best. Nr. PP01 **48,–**

EDV-Auswertung

Sie erhalten nach Bestellung einen Fragebogen, den Sie nach Bearbeitung wieder an uns zurückschicken. Sie erhalten umgehend eine 14 bis 16 Seiten umfassende individuelle Auswertung mit Hilfen und Aussagen zu Ihrer Persönlichkeit, die weit über die Aussagen im Buch *Persönlichkeits-Profil-DISG* hinausgehen.

Best. Nr. PE01 **98,–**

AKZENTE SETZEN an der Uni

Angenommen, Du glaubst an Jesus.
Angenommen, Du gehörst zu den 1,8 Millionen Studierenden in Deutschland. Du stehst also mit einem oder beiden Beinen in einer faszinierenden Subkultur, die aber in vieler Hinsicht alles andere als christlich ist.
Wir möchten Dir Mut machen!
Bleib' nicht allein. Es gibt viele, die in der gleichen Situation sind wie Du. Behalte Deinen Glauben nicht für Dich. Die meisten Deiner Mitstudierenden haben keine oder nur eine verschwommene Vorstellung von Jesus. Sie kennen niemanden, der mit Jesus lebt. Du kannst mithelfen, das zu ändern. Laß uns gemeinsam Akzente setzen an der Uni!

KONTAKTADRESSEN

Campus für Christus, Postfach 100 262, 35332 Gießen, Fax: 0641-97518-50

Navigatoren, Seuferstr. 5, 53173 Bonn, Fax: 0228-361033

Studentenmission in Deutschland (SMD), Postfach 554, 35017 Marburg, Fax: 06421-21277

ANTWORTCOUPON

Ich möchte die Kontaktadressen der Studentengruppen in folgender Stadt erfahren:

Name:

Straße:

PLZ, Ort:

Telefon:

Coupon bitte ausschneiden und an eine der obenstehenden Adressen einsenden.